永遠的懷念

一位首都记者对周恩来总理的追思

刘霆昭 编著

北京工艺美术出版社

图书在版编目（CIP）数据

永远的怀念：一位首都记者对周恩来总理的追思 / 刘霆昭编著 . — 北京：北京工艺美术出版社 , 2018.3

ISBN 978-7-5140-1499-0

Ⅰ . ①永… Ⅱ . ①刘… Ⅲ . ①周恩来（1898-1976）—生平事迹 Ⅳ . ① K827=7

中国版本图书馆 CIP 数据核字 (2018) 第 046545 号

出 版 人：陈高潮
责任编辑：杨世君　宋朝晖
装帧设计：任　毅
责任印制：宋朝晖

永远的怀念

一位首都记者对周恩来总理的追思

刘霆昭　编著

出　版	北京工艺美术出版社
发　行	北京美联京工图书有限公司
地　址	北京市朝阳区化工路甲18号 中国北京出版创意产业基地先导区
邮　编	100124
电　话	（010）84255105（总编室） （010）64283630（编辑室） （010）64280045（发　行）
传　真	（010）64280045/84255105
网　址	www.gmcbs.cn
经　销	全国新华书店
印　刷	北京博海升彩色印刷有限公司
开　本	787毫米×1092毫米　1/12
印　张	10
版　次	2018年3月第1版
印　次	2018年3月第1次印刷
书　号	ISBN　978-7-5140-1499-0
定　价	120.00元

谨以此画册

献给敬爱的周恩来总理 120 周年诞辰

顾　问

周秉德　孙晓燕

总策划

陈　明　陈高潮　施春生

策　划

张　望　牛　艺

周恩来，这是一个光荣的名字、不朽的名字

周恩来同志是伟大的马克思主义者，伟大的无产阶级革命家、政治家、军事家、外交家，党和国家主要领导人之一，中国人民解放军主要创建人之一，中华人民共和国的开国元勋，是以毛泽东同志为核心的党的第一代中央领导集体的重要成员。

周恩来，这是一个光荣的名字、不朽的名字。每当我们提起这个名字就感到很温暖、很自豪。周恩来同志在为中国人民谋幸福、为中华民族谋复兴、为人类进步事业而奋斗的光辉一生中建立的卓著功勋、展现的崇高风范，深深铭刻在中国各族人民心中，也深深铭刻在全世界追求和平与正义的人们心中。

周恩来同志是不忘初心、坚守信仰的杰出楷模。理想信念是中国共产党人的政治灵魂。中国共产党能够历经挫折而不断奋起，历尽苦难而淬火成钢，归根到底在于千千万万中国共产党人心中的远大理想和革命信念始终坚定执着，始终闪耀着火热的光芒。我们要向周恩来同志学习，不要忘记我们是共产党人，不要忘记我们是革命者，任何时候都不要丧失理想信念，用自己的实际行动坚持和发展中国特色社会主义，为实现共产主义远大理想而努力奋斗。

周恩来同志是对党忠诚、维护大局的杰出楷模。我们要向周恩来同志学习，始终严守党的政治纪律和政治规矩，自觉维护党的团结统一，自觉在思想上政治上行动上同党中央保持高度一致，坚定执行党的政治路线，把对党忠诚、为党分忧、为党尽职、为民造福作为根本政治担当，永葆共产党人政治本色。

周恩来同志是热爱人民、勤政为民的杰出楷模。“人民总理爱人民，人民总理人民爱”，人民群众用朴素的语言表达了对周恩来同志最真挚的感情。我们党来自人民、植根人民、服务人民，一旦脱离群众，就会失去生命力。我们要向周恩来同志学习，坚持立党为公、执政为民，自觉践行全心全意为人民服务的根本宗旨，把党的群众路线贯彻到治国理政全部活动之中，把人民对美好生活的向往作为奋斗目标，依靠人民创造历史伟业。

周恩来同志是自我革命、永远奋斗的杰出楷模。我们党要始终成为马克思主义执政党，自身必须始终过硬。我们要向周恩来同志学习，更加自觉地坚定党性原则，发扬彻底的自我革命精神，不断增强党自我净化、自我完善、自我革新、自我提高的能力，不断增强本领，不断增强党的政治领导力、思想引领力、群众组织力、社会号召力，确保我们党永葆旺盛生命力和强大战斗力。

周恩来同志是勇于担当、鞠躬尽瘁的杰出楷模。我们要向周恩来同志学习，敢于担当责任，勇于直面矛盾，善于解决问题，以时不我待、只争朝夕的精神，以钉钉子精神落实好党的十九大作出的各项战略部署，努力创造经得起实践、人民、历史检验的实绩，无愧于时代，无愧于人民，无愧于历史。

周恩来同志是严于律己、清正廉洁的杰出楷模。党的作风是党的形象。我们要向周恩来同志学习，牢记手中的权力是党和人民赋予的，是用来为人民服务的，一身正气，两袖清风，自觉接受监督，敬畏人民、敬畏组织、敬畏法纪，拒腐蚀、永不沾，决不搞特权，决不以权谋私，做一个堂堂正正的共产党人。

习近平在纪念周恩来同志诞辰120周年座谈会上的讲话摘录

据2018年3月2日《人民日报》

沉思中的周恩来

意大利《时代》周刊记者洛迪1973年1月9日摄于人民大会堂。
邓颖超说："这是总理生平中最好的一张照片。"

人民的总理
人民爱

目 录

一、淮安出了个周恩来

1898年3月5日（农历2月13日），在江苏淮安古城一座普通的小院里，诞生了一位举世景仰、名垂青史的时代伟人，他的名字叫周恩来。

他天资聪慧，志存高远，学生时代就发出“为中华之崛起而读书”的豪言，老师在其作文上的批语是“笔酣墨饱，气势汪洋”；扬帆东瀛，他写下“面壁十年图破壁，难酬蹈海亦英雄”的壮语；他那“愿相会于中华腾飞世界时”的宏愿更是掷地有声，振聋发聩……

他壮怀激烈，拯救苍生，励精图治，力挽狂澜……

他的生命与亿万中国人民和伟大中华民族融为一体，鞠躬尽瘁，死而后已。他胸前佩戴着刻有“为人民服务”五个大字的徽章，“为人民服务”是他一生的座右铭。

他的生命与中国共产党、中国人民解放军、中华人民共和国的命运紧紧相连，他是我们伟大的党、伟大的军队、伟大的国家的主要创建者之一，他是中国革命和建设事业大厦的奠基人。

◇ 童年周恩来

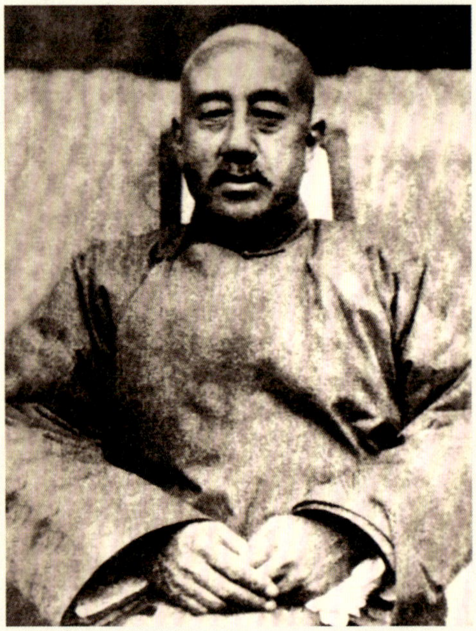

◇ 周恩来父亲周贻能

◇ 周恩来生母万氏（画像）

◇ 周恩来嗣母陈氏（画像）

本页图片由周恩来纪念馆提供

◇ ①② 周恩来总理故居（上为旧照，下为今景）

◇ ③－⑤ 周恩来出生的房间

①

②

◇ ①② 周恩来总理当年读书的房间

◇ ③④ 周恩来总理故居院中的古井和过廊

③

④

周恩来总理故居的彩色照片为本书作者刘霆昭摄

二、惊闻噩耗心欲碎

我永远忘不了 1976 年 1 月 9 日凌晨中央人民广播电台播出的那句句戳心的讣告、声声裂肺的哀乐。那一刻，我才真正感受到“痛不欲生”这四个字的滋味。

巨星陨落，举世同悲，群山哀立，江河呜咽，多少人心碎肠断泪如雨。

黑纱在臂，白花佩胸，十里长街，灵车哀鸣。总理啊，您慢些走，让从四面八方匆匆赶来为您送行的老百姓们再多看您几眼吧！

生不争个人名利，死不占世间寸土，骨灰撒向祖国的江河湖海。您，就是这样的人！

刘霆昭惊闻周恩来总理逝世噩耗所写的日记和诗词

1976年1月9日的日记

天未明，朦胧中听到哀乐，极为震惊，忙披衣出门。早已起床的老王说：周总理逝世了。我听了脑中一震，心里一沉，万分悲恸。我一直觉得总理不会死，一直想着他老人家身体将要痊愈，恢复正常工作，谁想到……我仿佛看到了总理那慈祥、睿智、庄重的面容，仿佛听到了总理那坚定、有力、动人的话语。我觉得他就在我们身边，他没有死。但是，响在耳畔的播音员的声音明明是：“中国人民伟大的无产阶级革命家，杰出的共产主义战士周恩来同志永垂不朽。”他清清楚楚地在哀读中共中央、人大常委会、国务院的讣告。这是真的！这竟然是真的呀！我强压住心头的悲痛，取出纸笔，写下“如梦令”二首，哀悼敬爱的周总理：

如梦令·悼周总理

一

雷轰地裂山崩，高天忽陨巨星。
强挑潮睫望，环球尽笼悲云。
悲云，悲云，化作泪雨倾盆。

二

为党为国为民，呕心沥血献身。
英灵永不灭，唤我热血激奔。
激奔，激奔，泼赤万里乾坤。

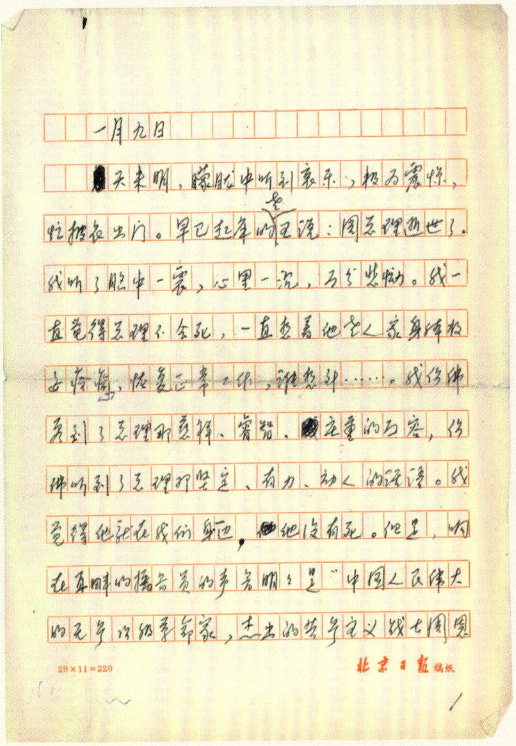

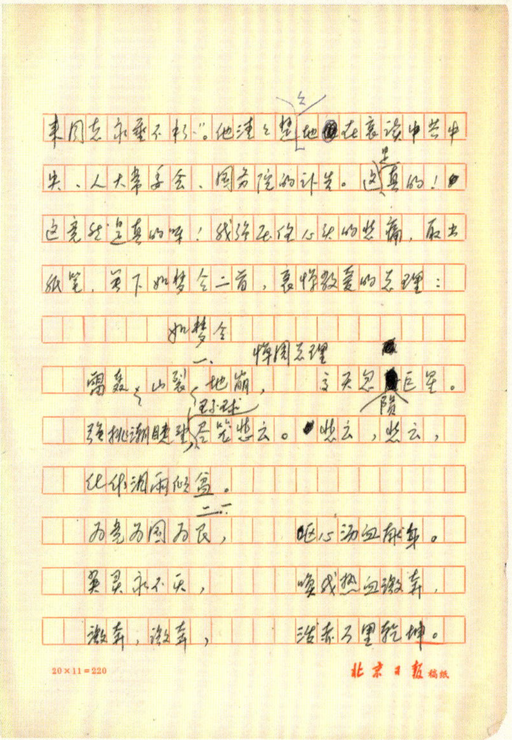

◇ 1976年1月9日的日记手稿

北京日報

毛主席语录

全心全意地为人民服务

第3186号 1976年1月9日 星期五 夏历乙卯年十二月初九

中国人民伟大的无产阶级革命家、杰出的共产主义战士周恩来同志永垂不朽！

中共中央、人大常委会、国务院讣告

周恩来同志逝世

新华社一九七六年一月八日讯 中国共产党中央委员会、中华人民共和国全国人民代表大会常务委员会、国务院讣告

中国共产党中央委员会、中华人民共和国全国人民代表大会常务委员会、国务院以极其沉痛的心情宣告：中国共产党中央委员会委员、中央政治局委员、中央政治局常务委员会委员、中央委员会副主席、中华人民共和国国务院总理、中国人民政治协商会议全国委员会主席周恩来同志，因患癌症，于一九七六年一月八日九时五十七分在北京逝世，终年七十八岁。

周恩来同志是中国共产党的优秀党员，是中国人民伟大的无产阶级革命家，是中国人民的忠诚的革命战士，是党和国家久经考验的卓越领导人。

周恩来同志一九七二年得病以后，在伟大领袖毛主席、党中央经常的亲切关怀下，医护人员进行了多方面的精心治疗。周恩来同志一直坚持工作，同疾病进行了顽强的斗争。由于病情恶化，医治无效，中国人民的伟大战士周恩来同志终于和我们永别了。他的逝世，对于我党我军和我国人民，对于我国的社会主义革命和建设事业，对于国际反帝、反殖、反霸的事业和国际共产主义运动的事业，都是巨大的损失。

周恩来同志忠于党，忠于人民，为贯彻执行毛主席的无产阶级革命路线，争取中国人民解放事业和共产主义事业的胜利，英勇斗争，鞠躬尽瘁，无私地贡献了自己毕生的精力。在毛主席的领导下，周恩来同志对建设和发展马克思主义的中国共产党，对建设和发展战无不胜的人民军队，对夺取新民主主义革命的胜利，创建社会主义的新中国，对巩固工人阶级领导的以工农联盟为基础的各族人民的大团结，发展革命统一战线，对争取社会主义革命和建设事业的胜利，争取无产阶级文化大革命和批林批孔运动的胜利，巩固我国的无产阶级专政，对加强国际革命力量的团结，反对帝国主义、社会帝国主义和现代修正主义的斗争，都作出了不可磨灭的贡献，建立了不朽的功绩，受到全党全军全国人民的衷心爱戴和尊敬。

周恩来同志的一生，是为共产主义事业光辉战斗的一生，是坚持继续革命的一生。

周恩来同志逝世的消息，将在我国人民的心中引起深切的悲痛。我们要化悲痛为力量。全党全军全国人民都要学习周恩来同志的无产阶级革命精神和高尚革命品质，在毛主席为首的党中央领导下，团结一致，以阶级斗争为纲，坚持党的基本路线，坚持无产阶级专政下的继续革命，坚持无产阶级国际主义，巩固和发展无产阶级文化大革命的胜利成果，为巩固无产阶级专政，反修防修，为把我国建设成为社会主义的现代化强国，为共产主义事业的胜利而奋斗。

中国人民伟大的无产阶级革命家、杰出的共产主义战士周恩来同志永垂不朽！

周恩来同志治丧委员会名单

毛泽东 王洪文 叶剑英 邓小平 朱 德 张春桥 韦国清 刘伯承 江 青（女）
许世友 华国锋 纪登奎 吴 德 汪东兴 陈永贵 陈锡联 李先念 李德生 姚文元
吴桂贤（女） 苏振华 倪志福 赛福鼎 宋庆龄（女） 郭沫若 徐向前 聂荣臻
陈 云 谭震林 李井泉 张鼎丞 蔡 畅（女） 乌兰夫 阿沛·阿旺晋美 周建人
许德珩 胡厥文 李素文（女） 姚连蔚 邓颖超（女） 曹轶欧（女） 粟 裕
王 震 余秋里 谷 牧 孙 健 沈雁冰 帕巴拉·格列朗杰 江 华 张耀词
郭玉峰 耿 飚 罗青长 李大章 鲁 瑛 许健生 莫 艾 朱穆之 邓 岗 武葆华
金祖敏 谢静宜（女） 杨坡兰（女） 乔冠华 施义之 李 强 方 毅 沙 风
陈绍昆 周子健 刘西尧 李际泰 王 诤 李成芳 边 疆 汪 洋 徐今强 康世恩
钱正英（女） 钱之光 万 里 叶 飞 钟夫翔 张劲夫 范子瑜 于会泳 周荣鑫
刘湘屏（女） 庄则栋 吴庆彤 苏 静 方 强 陈国栋 杨成武 梁必业 张宗逊
林丽韫（女） 蔡 啸 朱蕴山 刘文辉 史 良（女） 胡愈之 沙千里 季 方
黄鼎臣 周培源 田富达

（新华社一九七六年一月八日讯）

◇ 刊有周总理逝世讣告的《北京日报》

◇ ①② 十里长街送周总理

◇ ① 覆盖周总理遗体的党旗

◇ ② 周总理的骨灰盒

◇ ③ 首都群众在周总理追悼会上佩戴的黑纱

◇ ④ 接送周总理遗体的灵车

◇ ⑤ 送撒周总理骨灰的飞机

◇ ⑥ 邓颖超与执行撒骨灰任务的工作人员合影，左为张树迎，右为高振普

本页图片由周恩来纪念馆提供

三、丙辰清明悼英灵

丙辰清明，天安门广场成了花圈的海洋。

深浸着泪水和哀思的花圈，高及人民英雄纪念碑上的“不朽”二字，广及天安门广场的每一个角落。数以百万计的各界群众不约而同地汇聚于此，以极具个性的方式，自发地表达对敬爱的周总理的深切哀悼和无限思念。

在那浩如烟海的悼念周总理的诗词中，最令我震撼、最使我难忘的是这一句：

“借问古今谁能似？左右中华悲欢！”

刘霆昭1976年清明前后日记摘录

4月2日:

上午，同公司机关十几个人乘卡车，将写有“敬爱的周总理我们怀念您”的祭匾送往天安门广场，用铁丝固定在人民英雄纪念碑西北角下的汉白玉栏杆上。一路上赶到的人们、聚集在广场上的人们都用沉痛、赞许的眼光看着这块匾，看着送匾的我们。

纪念碑上的花圈已多过办周总理丧事时了。看着这层层的花圈、不息的人流，听着人们朗诵的深情诗句,仰望慈祥的总理遗容，我的鼻子阵阵发酸，眼睛不禁眨动。再想到近来《参考资料》《文汇报》上出现的企图贬低总理的迹象，又不禁怒火满腔。我从一位正在抄诗的中年妇女那里要来几张蓝道横格纸，坐在纪念碑南侧花坛的弧形铁栏上，写下一诗，以抒情怀：

清明前夕所见有感

清明伟碑耸花丛，千枝万朵诉衷情，
秽蝇休沾英雄面，忠魂永存亿众心。
丘恨泰山何足怪，蒿咒青柏自凋零，
古来月神无人扮，阴晴圆缺孰不明？！

——青年工人　雷明

（编者注：雷明为刘霆昭当时的化名）

我摘下胸前的小白花，用缠花的铁丝牵住这张带诗的稿纸，登上纪念碑南台阶，悄悄地把它挂在了一个背靠白玉栏，面冲南广场的花圈上。忽听有人在喊：“那又出了一首！”顿时，人群向白玉栏跟前涌来。我立在人群中，认真观察着那些主动诵诗、认真抄诗、急切问诗、耐心释诗的人们,极其激奋。

早上就接到“不要送花圈”指示的宋书记，下午才回到公司传达此精神。因为，这时花圈早已送到了天安门广场，可见其倾向性了。

4月3日:

天果然是有情的，她见到哀情笼中华，也不禁悲伤落泪。泪水冲刷着天空中的尘埃，泪水浴得松柏格外青翠，泪水湿润了干燥的土地。万紫千红的春景就在眼前。

雨渐小，我同治元、刘大夫又到了天安门广场。花圈、横标、诗词多过昨日，一个创新是——许多灯杆上也绑上了花圈。送花圈的人们有增无减：有骑车的，有步行的。他们头顶春雨，脚踏泥水，高举花圈（许多花圈蒙上了塑料布），缓步向纪念碑前汇集，确实感人。

念、抄诗者也比昨日活跃，有的喉哑了还大声读，有人尽力攀着碑台寻诗句，有的手拿电筒边照边抄。身后光一闪，是有人在拍照。昨天某厂所送竖牌上的四句诗——“红心已结胜利果，碧血再开革命花，倘若魔怪喷毒火，自有擒妖打鬼人。”已被谱上曲，贴在纪念碑西侧的石栏上，歌名为《敬爱的周总理请放心》。不少人围在跟前抄录，有的还在低声试唱。忽闻阵阵呼喊，人群中有人在讲演，但听不清在说什么。我未到跟前，就散了。入夜，纪念碑北侧出现了一块写有《悼念周总理》祭文的长方形硬纸板，字不大，但很工整、清秀。文章有气势，有文采，言辞犀利，含义深沉：

清明，杏白花开放的时节，却从西伯利亚吹来一股严寒，发泄着威风，风急气冷。

人民英雄纪念碑啊，迎风屹立，傲然凌空，中华民族优秀精神的象征，何惧十二级恶风。您——我们敬爱的周总理与世长存。在您俯瞰之处，寒风无能为力了；在您的四周，万紫千红又是一个春天。

敬爱的周总理，敬爱的革命先烈，你们为中国革命鞠躬尽瘁，毫无保留地献出自己的一切。怀念你们的人们，正用对你们无限的爱，创造着历史上没有的、举世未见的新春。

敬爱的周总理，您离开我们八十多天了。八十多天来，我们一刻也没停止过为继承您未完成的事业而进行的斗争。

敬爱的周总理，是您教育了我们过去的一代，教育了我们今天的一代，也将教育我们将来的一代。毛主席和您很早就告诫全党，警惕中国改变颜色，特别是要警惕那些上蹿下跳的政治小丑，冒充理论家的骗子，一肚子男盗女娼的伪善人，不学无术的大党阀、野心家、阴谋家，防止这种人篡夺党政军大权……

祖国的山啊，祖国的河！人民爱，敌人馋！祖国的山啊，祖国的河！！人民爱，敌人馋！

问苍茫大地，谁主沉浮？……

敬爱的周总理，您看呀。聚集在您身边经过“文化大革命”演习的人民是清醒的，是有力量的，他们牢牢记着您的遗愿。如果有人想重新充当“天才”“天马”，爬到人民头上压他们，想当秦始皇、武则天，重建蒋家林氏王朝，他们一定会被人民抛弃，摔得粉碎。

青松翠柏相映着不谢的杏白花，万紫千红中孕育着不可抗拒的大好春光，西伯利亚的严寒挣扎不了多久了。

猿鸣不住长江去，霜消雪化红河山。

历史的趋势是不可改变的，人民是创造历史的真正主人，无产者在斗争中失去的只是枷锁，得到的将是整个世界。

敬爱的周总理，敬爱的革命先烈，你们安息吧！

——革命继承人

两个小伙子自告奋勇，轮流为大家一遍遍地念。数不清的人聚在那儿全神贯注地听着、记着。黑压压的人群鸦雀无声，就像即将爆发的火山。天已很黑了，人群仍不散。

4月4日:

晨八时半，在旗杆下同王碰头。举目南望，景象又胜昨日。此时，天安门盛况空前：花圈重重，铺遍巨碑、广场；人海茫茫，整日翻腾不息；诗歌、悼词贴满碑座、玉栏；看、诵、抄者涌得水泄不通。这里有工人、农民、解放军战士、干部、知识分子、家庭妇女，有老人、有儿童，还有拄拐或摇车来的残疾人。人们都怀着真挚深切的悲痛心情来到这里，用各种方式悼念敬爱的周总理。

花圈真多，高至毛主席在纪念碑上的题词，广至铺满宽阔的天安门广场。人们在花圈胡同里穿行。花圈五颜六色，千姿百态：有的似旗帜，有的似葵花，有的似花篮，由各色的纸花、绸花、绢花、塑料花和松柏叶组成。送花圈的有工厂、部队、机关、学校、医院、商店、科研部门，也有外地人。还有个人、几个人送的。

某单位把一大盆自制的巨大万年青放在广场北侧同天安门相对处，红花绿叶，色泽鲜艳，工艺精美，吸引了许多人。

两簇黄色氢气球在广场上升起，它拖着写有“怀念周总理”“革命到底”的标语。

有几个青年人在讲演，好像是在读血书，不少人围着看，也有跟着呼喊的。

业余摄影师手忙脚乱，有的爬上了灯杆上的记者座，有的登上了纪念碑上的高台，有的踩在果皮箱、自行车、三轮车上，有的站在天安门前的高木架上，还有的骑在同伙的脖子上。他们争先恐后地把罕见的镜头摄下。

北大某教师把一盆鲜花放到了国旗旗杆底部，下有一个花圈和一副挽联，人们蜂拥而上，护旗的解放军也阻拦不住了。

纪念碑西侧也有一枝鲜花，红艳艳的，呈喇叭形，茎部有刚折的润痕。上面拴着一块菱形硬纸板，板上写着感人至深的诗句：

敬献总理

花儿虽少自家栽，

清明时节含泪来，

一束鲜花全家心，

总理在人民心中活万代。

——一家老小

碑南的松林中也挂着一个落款为“革命三口”的小花圈。

松林的东侧松墙上，有人用白花拼了“悼念周总理”五个字。

几排满脸泪痕的红小兵在宣誓。

一队送花圈的工人放着哀乐，慢慢走来。

两位白发老人在向着纪念碑低头默哀……

有不少场面、景象、诗词动人心弦，迫人落泪。我深深感到：广大革命群众对周总理的衷心爱戴和深厚感情是难以形容的。悼念、保卫、学习周总理是九亿人民的心愿，是人心所向，不可阻挡。谁要敢冒天下之大不韪，反对周总理，全中国、全世界人民是不会饶恕他的。

我在纪念碑北栏杆西拐角处看到了一张“关于建立‘周总理纪念馆’的建议”书，大意是要群众自愿捐款、献策、出力，争取于总理逝世一周年前，在劳动人民文化宫建成一座周总理纪念馆，以便人们世世代代不忘他的事迹。有人在读，有人在抄，有人在捐款。一个老人用别针把一元人民币别在旁边。一个女孩从头上取下发卡，从兜里取出一毛钱夹在那一块钱上。建议书旁边耷拉着一大串钱，下面也有硬币，钱上多附有简短的决心书。我也取出一元，草写几句，挂在那里。我写道：

我是一位首都的青年工人，坚决拥护建立“周总理纪念馆”的建议，现特献款一元整，并决心誓为此馆的建成和永存献血汗。

北京墙体材料工业公司　刘霆昭

七六．四．四

我好不容易才挤出人群，我觉得做了一件应该做的事。

我在纪念碑台阶上下及四周转来转去，实际上是被人流涌来涌去，看些场面，拍些镜头，录些诗词，总不舍离开。我觉得这种破天荒的场面恐怕很难再遇到了。某诗人所作《清平乐》中有一句读后令人感慨万分：“碑前花绽，挥泪湿栏杆，借问古今谁能似？左右中华悲欢……”的确如此，不过分呀！为什么会这样？就像我在听到总理逝世噩耗时所写的：“为党为国为民，呕心沥血献身”。总理大公无私，永活人民心中。

4月5日：

乘车去局里开会，路经天安门广场时，见纪念碑下花圈已一扫而空，极觉惊愕和遗憾。一打听，才知道，公安人员等已于昨晚将所有花圈没收，并抓了些看花圈的人。于是，我又有些迷惑不解间或不满了。许多花圈上都写着恳切请求保留到六日，为什么偏偏视而不见，一天也不让多放呢？和群众对着干！谁知这里有何奥妙……

为了掌握第一手材料，进一步了解和分析事态的发展趋势及其性质，提高自己对现实斗争的识别能力，并作历史见证人，我同小王于晚饭后，又到了天安门。

扩音器里正在播送 ×× 的讲话，主要内容是指出清明节期间在天安门出现的事件的性质是反革命政治事件，劝告人们离开广场。第一遍是 ×× 讲话录音，第二遍是广播员读其讲话稿，然后奏《三大纪律八项注意》曲，一遍遍地重复不断。广场四方的喇叭此伏彼起，相互呼应，形成轮奏，气氛紧张。

……

纪念碑下仍涌满了人，碑上仍有花圈，有新贴上的诗词。几个学生模样的青年用沙哑的声音起劲地念着，许多人在听或抄。在纪念碑东侧“金田起义”的浮雕旁，一个年轻人正在大声朗读题为《清明悼周总理》的诗。他读一句，涌在碑下的群众齐声和一句，语调激昂壮烈，震动着凝滞的空气，燃烧着每个人的心：

敬爱的周总理，
您的儿女对不起您，
您的英灵至今不能安息。
掏尽红心，
难表我们对您的深切怀念；
挥尽泪水，
难倾满腔血。
您的一生，历史已做了最高评价；
功高日月，声震环宇。
国际史上，永载您的音容笑貌；
革命路上，
踏遍您的稳健足迹。
泪飞涌，鬼神泣。
巨星一陨天地哀，
可笑群丑不自量，
鼓唇摇舌，
妄想翻风雨。
让那些家伙看看吧：
天安门前花似雪，
纪念碑下泪如雨，
你们不念我们念，
你们不祭我们祭！
总理……

刘霆昭 1976 年 4 月 2 日－7 日的日记手稿

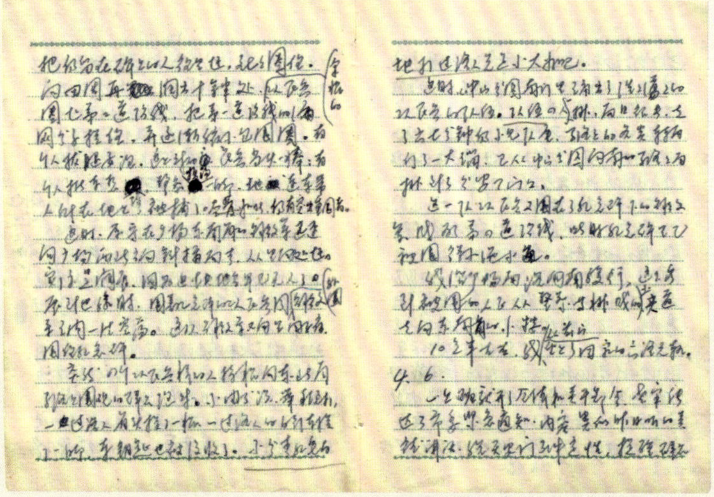

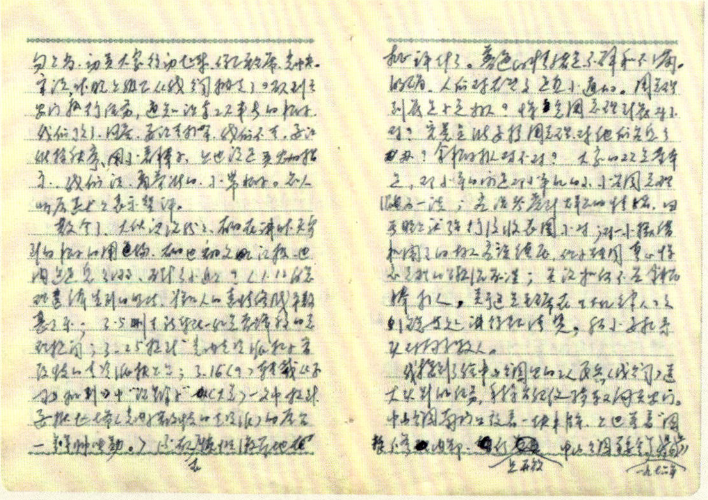

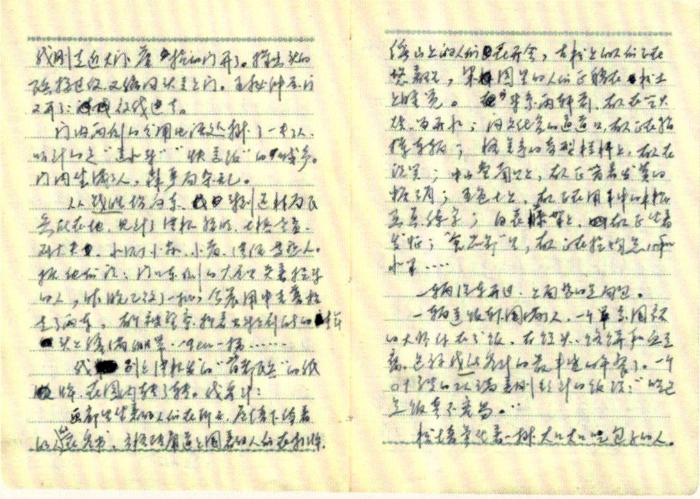

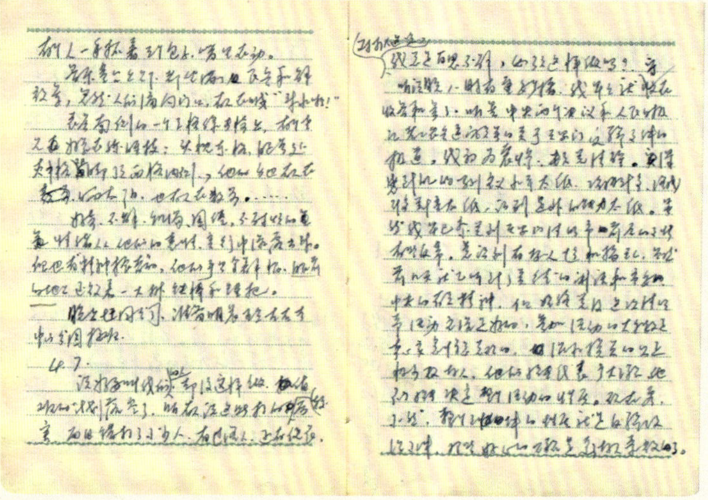

刘霆昭
在 1976 年清明期间
拍摄的照片

◇ 含泪做花圈

◇ 左页图：天亦有情泪成雨——4月3日的人民英雄纪念碑

◇ 右页图：天安门广场上的万年青和前来悼念的群众

深切怀念周总理
敬爱的周总理

◇ 4月4日的天安门广场

◇ 青松、翠柏、白花

万岁

◇ 快抄下这感人的诗句和犀利的檄文

◇ 快拍下这难得一见的镜头

◇ 国旗杆下的马蹄莲

◇ 远道而来的悼念者

◇ 刘霆昭在现场

四、不惧风险洗照片

首都百万群众悼念周总理的真诚表达被镇压了，政治阴霾笼罩着整个北京城：某某在天安门广场拍的照片、抄的诗词被搜走了，某某送到照相馆冲洗的胶卷被没收了，并因此被审查，甚至拘捕了……

为了保留住这些历史的见证，我四月七、八日秘密夜战，将清明节期间自己在天安门广场拍的五个 135 胶卷连冲带洗，干了两个通宵。

显影盘中样片的影像渐渐清晰了：一队工人去送花圈；一位学生在朗读诗词；一排儿童在庄严宣誓；一个小伙子在展示血书；几个警察正从金水桥跑向纪念碑……看着这一个个难忘的画面，我激情难抑，仿佛又回到了那群情激昂的天安门广场。

我把那 150 多张底片分别洗出一寸样片，有的放大成三寸或四寸片，连夜完成烘干、上光任务。然后，把照片同抄录的天安门诗词手稿包在一起，裹上多层黑纸和塑料布，塞进了我家卧室西墙那已废弃多年的烟道里……

◇ 刘霆昭在“四五”运动期间使用的泽尼特单反照相机、冲洗胶卷的显影罐、胶卷、胶卷盒

◇ 丙辰清明“夜战”洗印出的部分照片（包括当时洗印出的长条样片、放大的3寸片和4寸片）

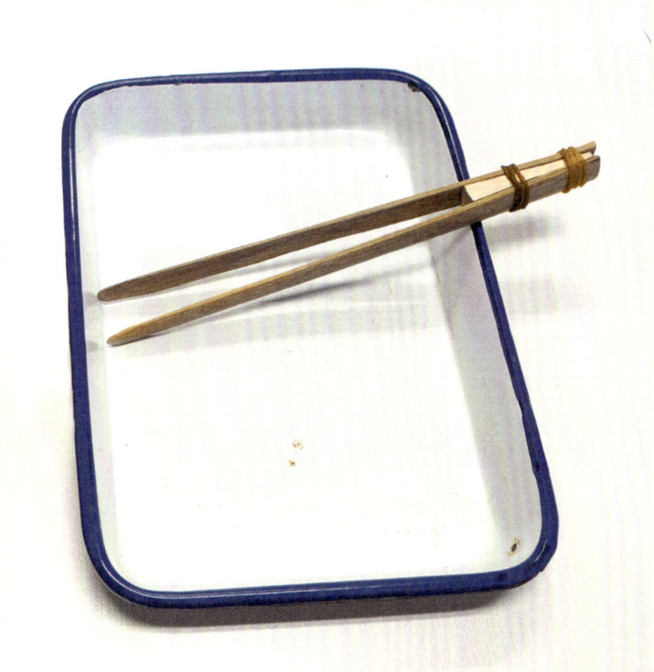
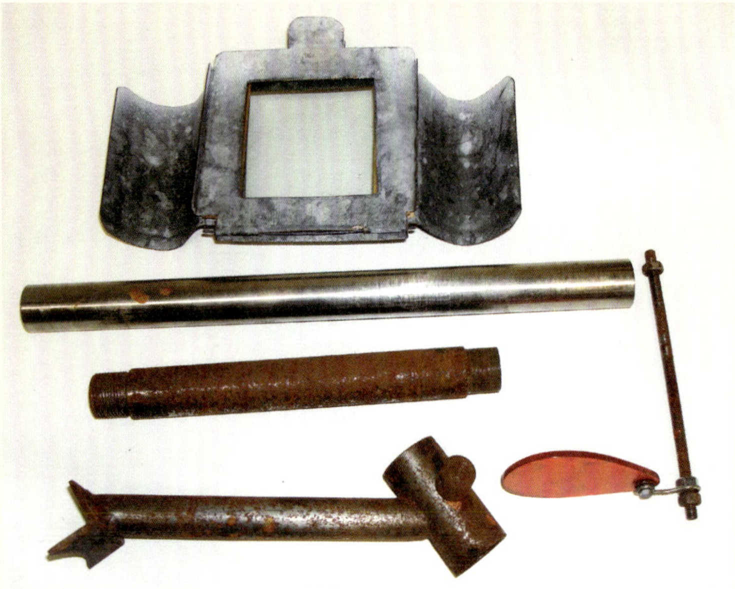

◇ 当时洗印样片和放大照片使用的印相箱、放大机、显影盘和木夹（印相箱和放大机均为自家土造的）

夜 战

首都百万群众在天安门广场悼念周总理的革命活动被镇压了。政治阴霾笼罩着整个北京城：某某在天安门广场抄的诗被搜走了，某某由于参与天安门广场活动竟也被审查，甚至拘捕了。上头三令五申，一再催促上交有关天安门事件的诗词和胶卷，并扬言要严肃处理违抗者。我去天安门广场抄诗、照相之事早已被别人告发，我的家随时都有被抄的危险，怎么办？

我拿定主意：诗词和胶卷都不能上交，更不能销毁，这些是珍贵的纪念品、历史的见证物，无论如何也得保存好。四月八日晚，我插上屋门，取出昨晚自己冲出的清明节在天安门广场拍的五卷 135 底片，一张张地洗起来。

把曝过光的相纸放进显影盘，影像渐渐清晰了：一队工人去送花圈；一个学生在朗读诗词；一排儿童在庄严宣誓；一个小伙子在展示自己写的血书；几个警察正从金水桥跑向纪念碑……看着这一个个难忘的画面，我越洗越兴奋，仿佛又回到了那群情激昂的天安门广场。

我把那一百五十多张底片分别洗出了三寸大小的样片，并连夜完成了烘干、上光任务。为了防止万一，被一抄而光，我把那五个胶卷分别用黑纸包严，装进特意写有“国产 21 定胶卷，一九七八年到期，未摄！”字样的大信封，藏到了专放照相器材的箱子里。接着，我又把那一百多张照片同抄录的天安门诗词手稿包在一起，裹上多层黑纸和塑料布，写上“三号放大纸，一九七八年到期，切勿乱动，谨防跑光”二十个字，塞进了卧室墙的烟道里。我把胳膊分别伸进烟道上端的接烟囱口和底部的出烟灰口，认真调整纸包所处的部位，直到一点也摸不着它了，才重新盖上烟道盖。

“你们来抄吧！你们抄走底片，我有照片；你们抄走照片，我有底片！要想一抄而光，办不到！”我一边自言自语，一边擦着满手的烟灰，望着从窗外射进的曙光，开心地笑了。

注：刘霆昭当时写下的《夜战》之后被收进工人出版社出版的《丙辰清明见闻录》一书

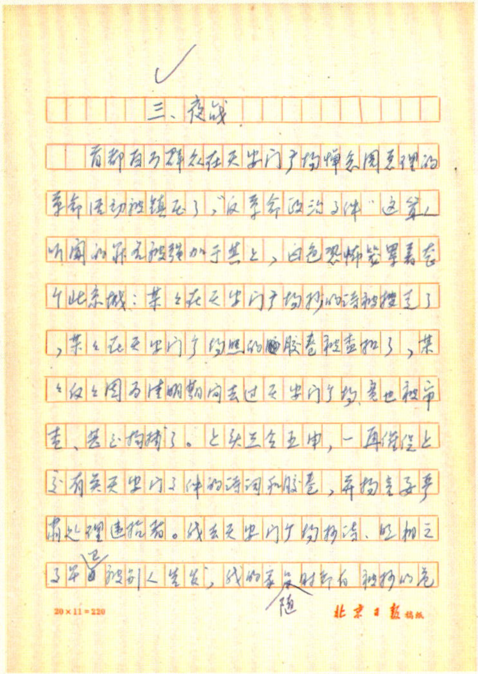
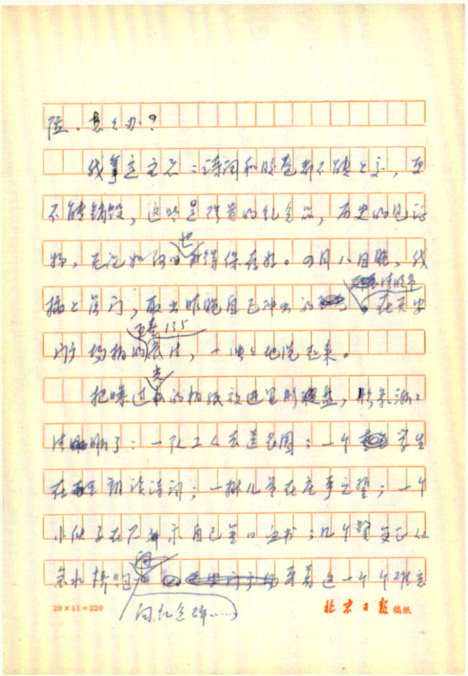
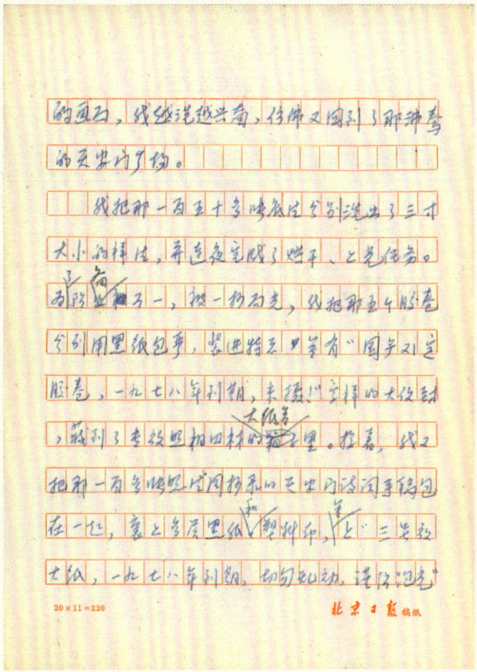
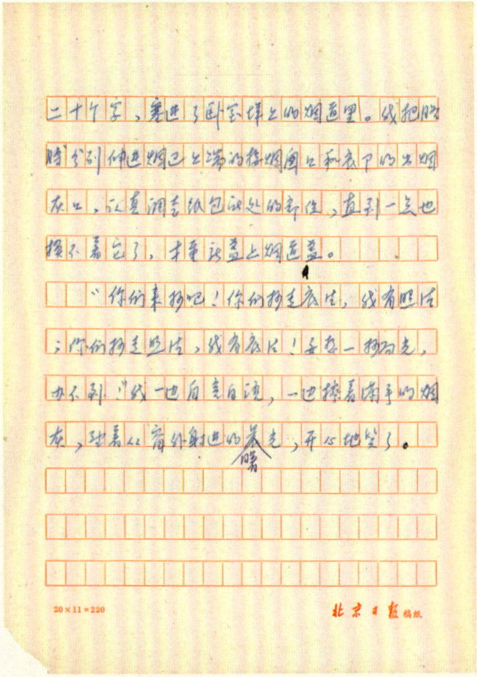
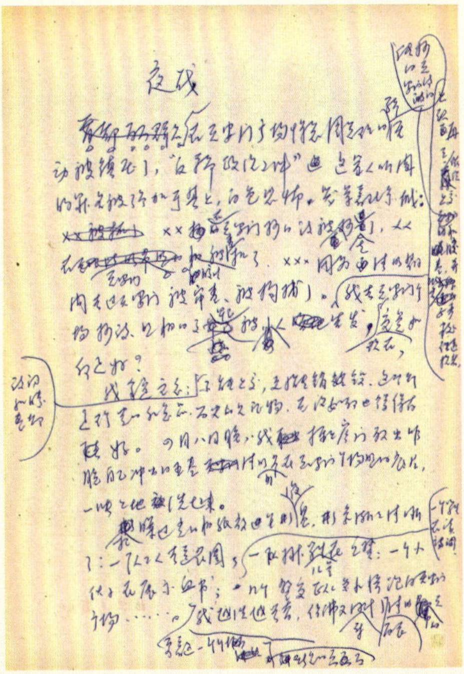
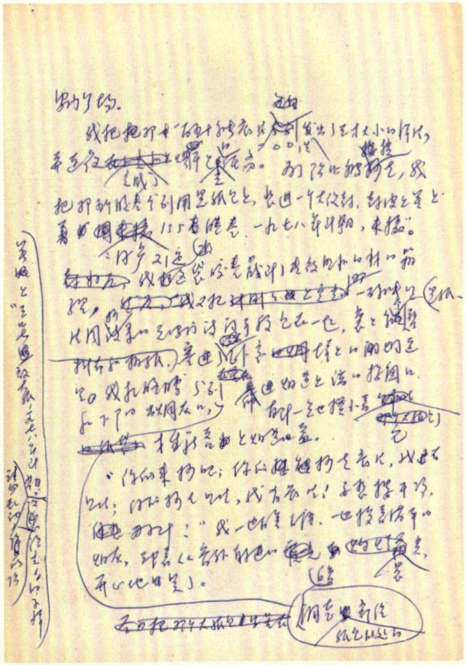

◇《夜战》一文的草稿、誊写稿

本单元照片均为本书作者刘霆昭摄

五、《架桥》剑指“四人帮”

广大群众用血和泪制作的花圈一夜之间被野蛮地扫荡一空，在天安门广场悼念周总理的正义之举被“四人帮”镇压，我怒火中烧，奋笔写下暗喻人民大众团结一心，斗智斗勇，打败“四人帮”的童话故事《架桥》。我的好友、北京科学教育电影制片厂的动画片专业画家姜成安、吴带生同仇敌忾，将这篇童话绘成连环画。北京人民出版社的编辑心领神会，开启绿灯……

就在“四五”运动被镇压不久，就在那“黑云压城城欲摧”的日子里，剑指“四人帮”倒行逆施的《架桥》公开出版，堂堂然摆在了新华书店的书架上，为宏大而悲壮的“四五”运动增添了一抹独特的色彩。

架　桥

刘霆昭　文

姜成安
吴带生　绘

北京人民出版社

内 容 提 要

桥被急流冲垮了，怎么到对岸去采集过冬的食物呢？大象和小松鼠、小白兔、大猩猩齐心协力重架新桥，并识破和战胜了独眼狐狸的破坏阴谋，把独眼狐狸扔到河里淹死了。

1　天亮了，金色的阳光透过茂密的树叶射进森林。小松鼠又和往常一样，到河边的大青树上做早操。

2　小松鼠正在树枝间跳来跳去，忽见河水猛涨，水流加急，一下把河上的木桥冲垮了。她连忙爬到树梢上，大声喊道：“桥被冲垮啦！”

3　听到小松鼠的喊声，大象用快而稳的步子跑来了，小白兔也一蹦一跳地赶来了，摇摇晃晃走在后面的是大猩猩。

4　小松鼠着急地说：“这桥是咱们去对岸栗子林的唯一通道，眼看冬天就要到了，我们怎么过河去采集过冬的粮食呀！”小兔急得直摇耳朵，大猩猩急得抓耳挠腮。

5　大象瞅了瞅河水，坚定地对大家说：“不要发愁，吃完早饭在这儿集合，咱们齐心合力架新桥。”“好！”大伙都表示同意。大象又叮嘱一句：“咱们要团结一心，提防独眼狐狸破坏。”

6　原来，过去每逢采栗子的时候，狐狸假说它为大家守桥，骗大家把栗子交给它一半。是大象看穿了它的花招，领着大伙反对它，还用鼻子甩瞎了它的一只眼。这会儿，独眼狐狸正躲在草丛里咬牙切齿地打着坏主意。

7　大猩猩正在家里磨斧子，独眼狐狸溜了进来。大猩猩厌烦地问：“你来干嘛？”独眼狐狸嬉皮笑脸地说：“松鼠和兔子有多少力气？你和他们架桥才是傻瓜呢。我已经存了好多栗子，分给你一半吧！”大猩猩眨眨眼，放开斧子不磨了。

8　独眼狐狸又来到小兔门前。小兔忙放下没编好的箩筐紧关上门。独眼狐狸扒在门上威胁着：“河水又深又急，你去架桥准得淹死！”小兔说：“和大伙一块干，我不怕。”独眼狐狸又恶狠狠地说：“今天你要出门，就小心你的房子！”

9　大象和小松鼠在河边等大猩猩和小白兔，左等也不来，右等也不来。小松鼠急了：“我去叫他们。”说着一溜烟地跑去了。

10　不一会儿，小松鼠满脸不高兴地跑了回来，气呼呼地说：「他们……都不干了。哼！不干拉倒，咱俩干！」

11　小松鼠跳到树上折下树枝，大象用鼻子卷起来看了看说：「用这个就能架桥吗？」小松鼠看看那宽宽的河面，说：「咱俩去弄几棵大树。」大象摇摇头：「光靠咱俩不行。」小松鼠摆了摆尾巴：「我不信，试试看。」

12　小松鼠用尽了力气搬弄大树，可是大树一动也不动。大象说：「干什么都要靠大家团结，大猩猩有力气，小白兔是编织能手，架桥怎么能没他们呢？他们不来，准是独眼狐狸在搞鬼。走，咱俩去找他们！」

13　他俩找到大猩猩和小白兔，问清了情况。大象把大家领到一个大山洞跟前，对大猩猩说：「过去，独眼狐狸骗来的果子在这洞里都堆烂了，你饿肚子时，它给过你一个吗？」大猩猩低下了头：「我上当了！」

14　他们又走到小兔门前，大象对小兔说：「过去独眼狐狸抢你的房子，不是大家团结起来把它赶跑的吗？咱们只有团结战斗，才能战胜一切敌人！」小兔激动地说：「走，咱们一起架桥去！」大象还和大家一起商量了对付独眼狐狸的办法。

15　河边上热气腾腾，大猩猩抡着大斧头把一棵棵又粗又高的大树砍倒，大象用鼻子卷起树往河边运，小松鼠爬到挂满藤条的树上剥藤皮，树下的小白兔用它编成结实的绳子和筐。

16　架桥的材料很快就堆满了河岸。小松鼠把一条又粗又长的藤皮绳系在岸边一棵大青树上，绳子的另一头系在自己腰上，大象用鼻子把小松鼠轻轻地卷起用力一甩，灵巧的小松鼠就飞过了河。

17　长绳跨过大河把两岸连了起来，在绳子上挂着三个大箩筐，小松鼠、大猩猩和小白兔坐在箩筐里忙着。猩猩抡锤打桩，松鼠和白兔把木料架在木桩上。大象忙着运木料，一边警惕地注视着四周。

18　独眼狐狸偷偷摸摸来到了河边，它看着大象他们架桥，气得直咬牙。忽然，它的独眼盯住系在大青树上的绳子，露出了凶光。它从牙缝里挤出几个字：「我叫你们全完蛋！」

19　独眼狐狸趁大象把木料运向桥边的时候，张开嘴向大青树窜去，想把绳子咬断。它刚窜到大青树下，只觉脚下一软，「噗嗒」一下掉了下去。这时，小松鼠、大猩猩和小白兔一齐喊起来：「独眼狐狸掉进陷阱了！」

20　大象他们跑到大青树下，只见独眼狐狸正在陷阱里挣扎。大象用鼻子把它卷起来用力一甩，只听「咚」的一声，独眼狐狸被扔到桥下的河水里，一个浪头打来把它淹没了。小松鼠、大猩猩和小白兔一齐拍手欢呼。

21　美丽的彩霞映红了天空。在霞光中，新建的木桥就象一道七彩的长虹。大象他们满载着一筐筐的果子，迈着整齐的步伐走在新桥上。

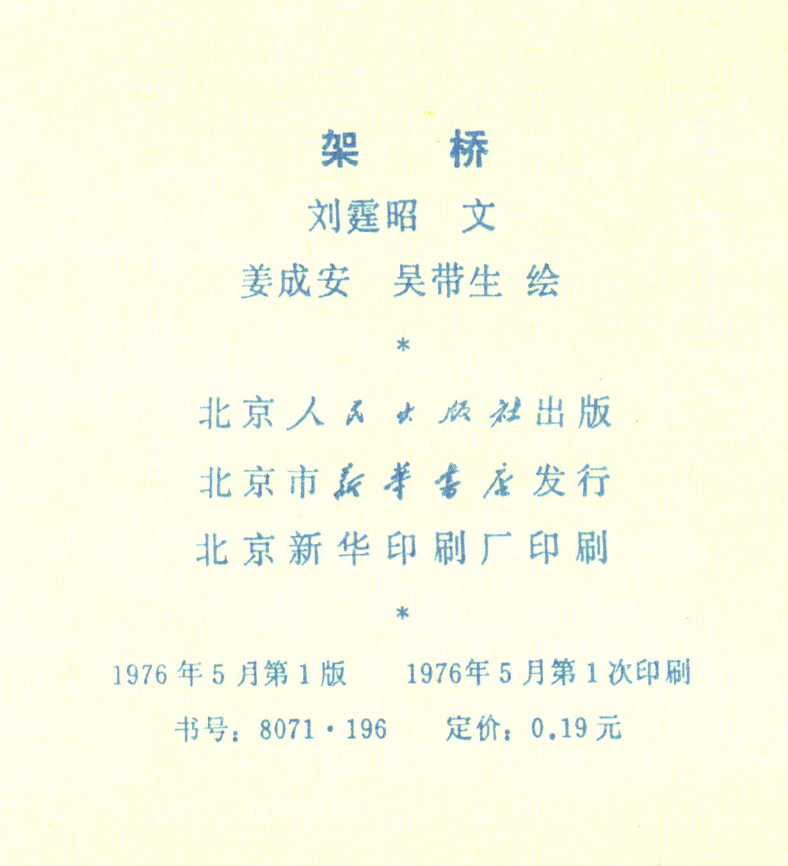
架　桥

刘霆昭　文

姜成安　吴带生 绘

*

北京人民出版社出版

北京市新华书店发行

北京新华印刷厂印刷

*

1976年5月第1版　1976年5月第1次印刷

书号：8071·196　定价：0.19元

◇ 暗喻人民大众勇斗“四人帮”的连环画《架桥》在“四人帮”肆虐横行时公开出版

六、金秋十月传捷报

一阵秋风送捷报，心涛难抑仰天笑。

妖噫赛似登基号，何曾料：皇冠本是肥皂泡。

八亿明眸孰能罩？！毒蛇艳鬼逃不掉。

百川东流冲势浩，雷霆告：中华永踏康庄道！

这首《渔家傲·祝捷》，是我听到“四人帮”被粉碎消息后，在 1976 年 10 月 11 日日记中写的。我是在向周总理报捷。周总理离我们远去之时是何心境？不言而喻。送去这份捷报，他老人家终于可以安心瞑目，含笑九泉啦！

1976 年金秋十月的这四天，天安门广场成了欢乐的海洋，长安街上的游行队伍如滚滚江水奔腾不息。我作为北京日报粉碎“四人帮”特别报道组的成员，汇入了这欢乐的海、奔腾的江。这是被压抑已久的民心大解放，这是已酝酿多年的火山大爆发，我从未见过人们像今天这样喜笑颜开，我的心也从未像今天这样跳得如此剧烈。正如我们特别报道组集体采写的第一篇通讯所写，这是《人民的盛大节日》。

此情此景，使我不禁联想到半年前发生在这里的“四五”风云。可以说，“四五”交锋是十月决胜的前奏，连同这金秋十月的凯歌，构成一曲史诗般气壮山河的交响乐。

人民，是推动历史车轮的真正动力。

人民，是历史的真正主人。

刘霆昭 1976 年 10 月日记摘录

10月11日:

听到众人的议论，特别是保卫科长变相的证实，我找到了社论（注：指当年十月十日两报一刊社论《亿万人民的共同心愿》）中问题的答案：背叛马列主义、毛泽东思想，篡改毛主席指示，搞修正主义、搞分裂、搞阴谋诡计的人，就是江青、张春桥、王洪文、姚文元这伙披着革命外衣的野心家、阴谋家。他们已于十月六日被抓住，他们的阴谋彻底破产了。听到这个消息，我心里有说不出的痛快，连说，好！好！真好！太好啦！我所以感到兴奋和欢欣，一是因为看到，这帮“左”得出奇的小丑们终于得到了应有的下场，他们演的丑剧终于收了场，并且比我预料的还早了些。二是因为看到，中国革命人民无愧于是伟大的人民，他们爱憎分明，明察秋毫，早已识破了这帮妖魔的黑心，一直在冷眼盯着这帮丑类的表演。这次，他们是真的看准了，取得了一次分辨真假美猴王的成功经验，他们可以豪迈地说：“谁说路线斗争不可知？八亿人民的真睛火眼里不容糅半粒沙子，任何毒蛇、妖精都休想逃出我们的眼眸！”

朝窗外望去，风和日丽，晴空万里。一打听，震情也有所缓和。原来过去都是因为“白骨精”兴妖作恶。这下好了，白骨精的天灵盖被美猴王的千钧棒打碎了，一切都转入正常了。

人们都掩饰不住内心的激动，从交头接耳到大声喝彩，并通过一些讽刺话和有特殊用意的小举动表达心声：

老闫见一只大苍蝇飞过，抄起一本书将它打死，一边踩烂，一边说：“嘿，这毒气还真不小呢！”

小安见杯里的茶叶总浮着，一边用开水浇，一边说：“看来不砸是下不去呀！”……

回到家，夜已深，总难寐，起身挥笔，作词一首：

渔家傲 · 祝捷

一阵秋风送捷报，心涛难抑仰天笑。
妖噫赛似登基号，何曾料：皇冠本是肥皂泡。

八亿明眸孰能罩？！毒蛇艳鬼逃不掉。
百川东流冲势浩，雷霆告：中华永踏康庄道！

10月21日:

长安街上，天安门前，红旗飘舞，锣鼓喧天，口号震耳，鞭炮齐鸣。街旁扩音器里传出《歌颂伟大的中国共产党》《三大纪律八项注意》和《大海航行靠舵手》等雄壮歌曲。欢腾的人群如滚滚洪流奔腾不息，不可阻挡。他们高举拥护华国锋同志任党中央主席、中央军委主席，欢呼粉碎“四人帮”反党集团的横标，挥动拳头或手中的小纸旗，无比愤慨地高呼：“打倒王洪文！打倒张春桥！打倒江青！打倒姚文元！”这是久压心头的怒吼，这是亿万劳动群众的呼声。别看那些混蛋们曾猖狂一时，不可一世。但是，他们终究逃不脱人民的宣判和声讨，逃不脱历史的惩罚。多么痛快呀！多么开心呀！我们胜利啦！

我看着这激动人心的情景，浮想联翩：在周总理逝世后，我们含着热泪去纪念碑前宣誓；清明节，我们憋着气去纪念碑前送花圈；花圈如海，人群如潮的天安门广场上回响着“誓死保卫周总理，愤怒声讨‘挖坟人’”的怒吼声；一时间阴云滚滚，花圈被扫尽，人群被赶走，怒火被压回了人们的心中……可今天，这压在心头的怒火又像火山爆发般地冲天燃烧起来了。我眼前模糊了，热泪夺眶而出。我用手绢擦去泪水，眼前的景象变得清晰了。一会儿，我的眼睛又模糊了，泪水又涌了出来，我又用手绢擦干了泪，清晰的景象重现眼前。不多时，那双眼再次模糊了，眼泪再次涌出，淌在脸颊上，我再次用手绢去擦……就这样，我的眼睛就像是变焦距的镜头，一会儿模糊，一会清晰。我的腿在机械性地蹬着车，我的手也机械性地把手绢从兜里掏出装进。我是很少落泪的人，可不知为什么，今天，竟数不清擦了多少次泪，只觉得手绢湿透了。

10月25日:

报道组任务已基本完成，《人民的盛大节日》《扫除四害，人心大快》《一切行动听从党中央指挥》《华主席率领我们继续长征》四篇通讯均已见报。这段工作虽然紧张，但却很炼人。主要的体会有四点：（1）一定要抓紧，一切往前赶。（2）一定要深入实际，直接找采访对象。（3）要善于抓住典型事例和精彩的特写镜头。（4）要善于学习和运用群众的生动语言。

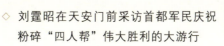

◇ 刘霆昭在天安门前采访首都军民庆祝粉碎“四人帮”伟大胜利的大游行

刘霆昭参加采写的庆祝粉碎"四人帮"伟大胜利的报道及珍藏至今的老报纸

人民的盛大节日

——记首都一百五十万工农兵和各界群众的盛大庆祝游行

扫除"四害" 人心大快

——记首都一百八十万工农兵和各界群众继续举行盛大庆祝游行

热烈拥护华国锋同志任中共中央主席、中央军委主席 热烈欢呼粉碎"四人帮"篡党夺权阴谋的伟大胜利

本报记者摄

本报通讯员 本报记者

(上接第三版)保卫伟大的祖国首都，巩固无产阶级专政，把毛主席开创的无产阶级革命事业进行到底。

人民的盛大节日

一队接一队的游行大军走过来，一阵接一阵的口号声响彻云天：

"打倒王洪文、张春桥、江青、姚文元反党集团！"

"热烈庆祝粉碎'四人帮'篡党夺权阴谋的伟大胜利！"

这是胜利的欢呼。首都军民热烈欢庆以华国锋主席为首的党中央，继承毛主席的遗志，代表全党全军和全国各族人民的根本利益和共同心愿，消除了党内一大祸害，取得了无产阶级专政下继续革命的又一次伟大胜利。

这是愤怒的声讨。充分显示出首都八百万军民最紧密地团结在以华国锋主席为首的党中央周围，一定要同"四人帮"斗争到底的坚强决心。

看，那身着工装佩戴着电工五大件的北京供电局电业工人，精神振奋，把战鼓擂得咚咚响。路灯队工人、共产党员吉党非说："四人帮"反党集团坏透了，他们结成一伙，肆意篡改马克思主义、列宁主义、毛泽东思想，在国内国际一系列问题上反对毛主席的无产阶级革命路线，反对毛主席的"三要三不要"的基本原则，打着马克思主义的旗号，搞修正主义，进行分裂党的宗派活动，妄图篡夺党和国家的最高领导权，真是假话说尽，坏事做绝，我们工人对这些阴谋家、野心家早就憋着一肚子气。以华国锋主席为首的党中央果断地清除了这个大祸害，为我们工人出了气。大得人心，大快人心。

看，那刚刚在工地开完了声讨大会又结队来游行的第六建筑公司的工人们，口号喊得特别响亮。走在队伍里的四届人大代表、老工人吴元福激动地说："别看'四人帮'戴着红帽子，可他们满肚子坏水，是典型的正在走的走资派，要是让这帮家伙得逞，我们劳动人民就要吃二遍苦了。以华国锋主席为首的党中央把'四人帮'揪出来，挖出了隐藏在党内的定时炸弹，这对于保证我们的党不变修，国不变色，真有不可估量的重大意义。"

一幅醒目的大宣传画出现在浩荡的游行队伍中，画面上，革命人民挥舞着红色的巨笔，正在扫除"四人帮"这一小撮害人虫。这幅画，形象地表示出首都广大军民，决心以马列主义、毛泽东思想为武器，誓把"四人帮"反党集团彻底批倒批臭的坚定信念。

北京市百货大楼针织品部鲁迅著作学习小组的同志们，斗志昂扬地来参加游行。他们说：当前这一场同王、张、江、姚反党集团的斗争，是无产阶级同资产阶级、社会主义同资本主义、马克思主义同修正主义之间的你死我活的斗争，我们一定要最紧密地团结在以华国锋主席为首的党中央周围，发扬鲁迅永远进击、痛打落水狗的革命精神，坚决和"四人帮"反党集团斗争到底。台湾省籍同胞、积水潭医院内科副主任陈木森在游行中，越走越激动，越走越有劲。他说："四人帮"反党集团是我们台湾人民的死对头，如果让他们的篡党夺权阴谋得逞，台湾人民的解放就没有指望了。

从清晨到夜晚，天安门广场和长安街上，看不到头的群众游行队伍如洪流滚滚，势不可当。首都广大群众欢欣鼓舞庆胜利，同仇敌忾斥顽敌，一个个笑逐颜开，精神振奋，充满了必胜信心。正在庆祝机车组命名三十周年的北京铁路分局"毛泽东号"机车组的乘务员们，怀着双重的喜悦，走在游行的队伍里，心情分外激动。他们回顾每一次毛主席的革命路线战胜修正主义路线，总会带来革命和生产新飞跃的战斗历程，高兴地说："今天，我们有光辉的毛泽东思想照耀前进的道路，有以华国锋主席为首的党中央的英明领导，粉碎了'四人帮'反党集团的干扰破坏，我们的党会更加团结统一，朝气蓬勃，我国的无产阶级专政会更加巩固，我们的各项社会主义事业也一定会搞得更好。"

"毛泽东号"机车组工人们的话，说出了全市广大军民的共同心声。首都军民决心最紧密地团结在以华国锋主席为首的党中央周围，继承毛主席的遗志，掀起学习马列著作和毛主席著作的新高潮，坚持党的基本路线，以阶级斗争为纲，彻底揭发批判"四人帮"反党集团，继续批邓，反击右倾翻案风，巩固和发展文化大革命的伟大胜利成果，抓革命，促生产，促工作，促战备，进一步发展大好形势，夺取社会主义革命和社会主义建设的更大胜利。

本报通讯员 本报记者

一切行动听党中央指挥

——记首都二百五十万军民继续举行声势浩大的庆祝游行

本报通讯员 本报记者

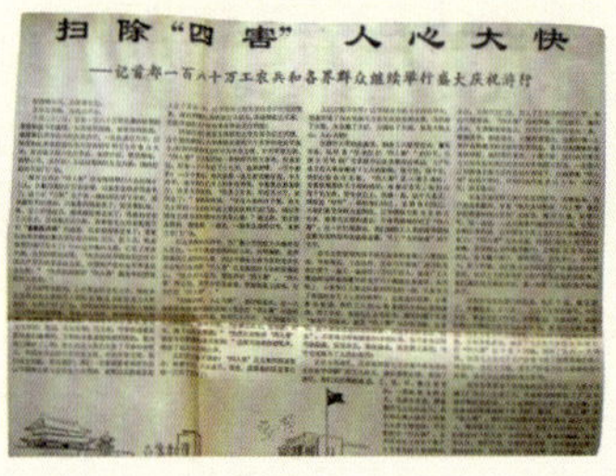

◇ 这三篇通讯分别刊登在1978年10月22、23、24日的《北京日报》上

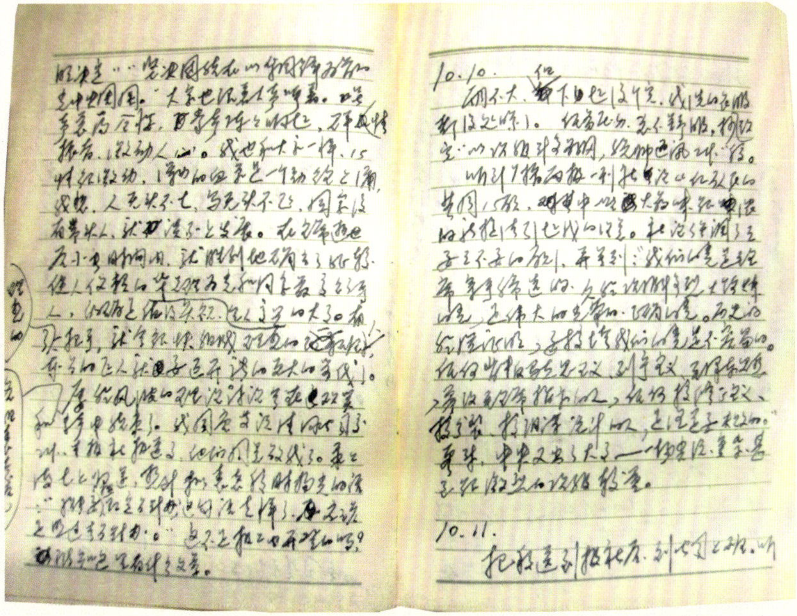

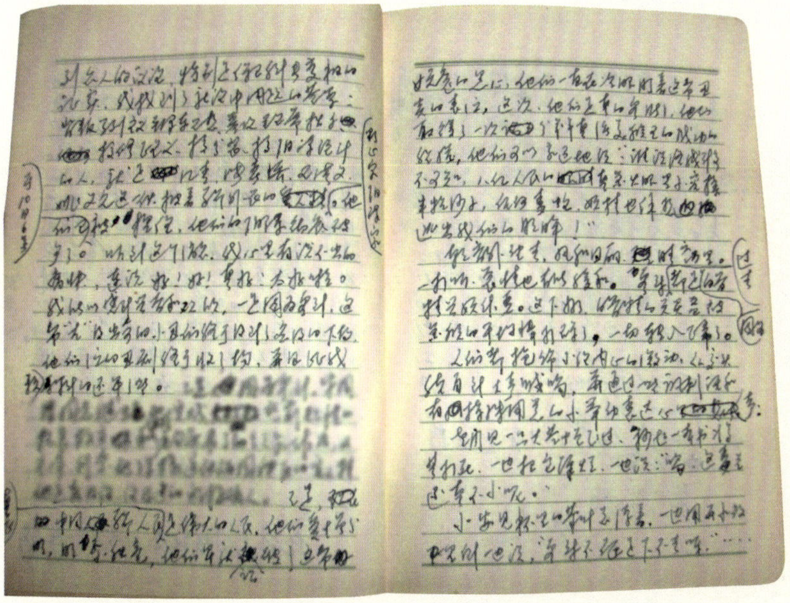

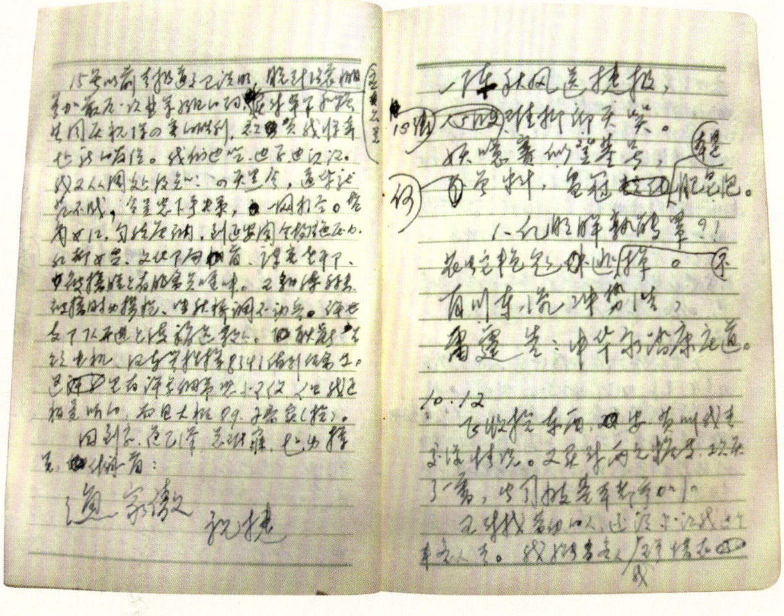

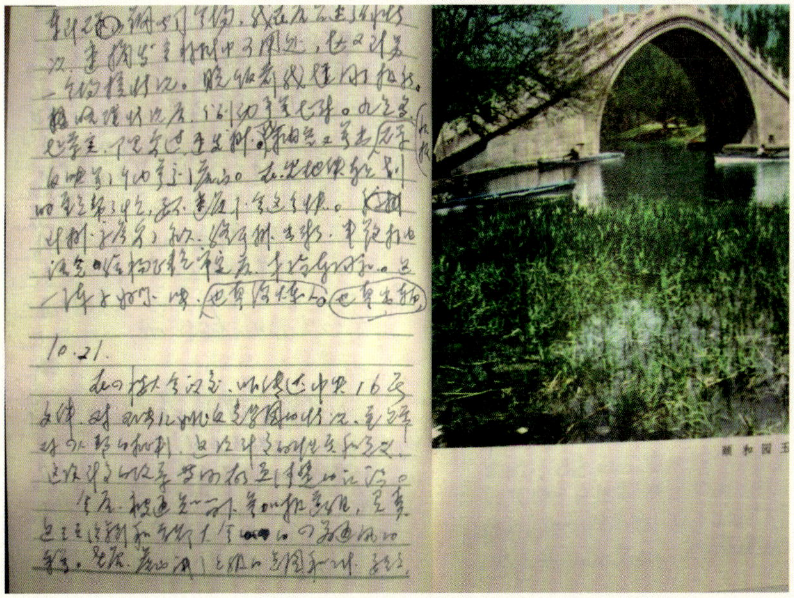

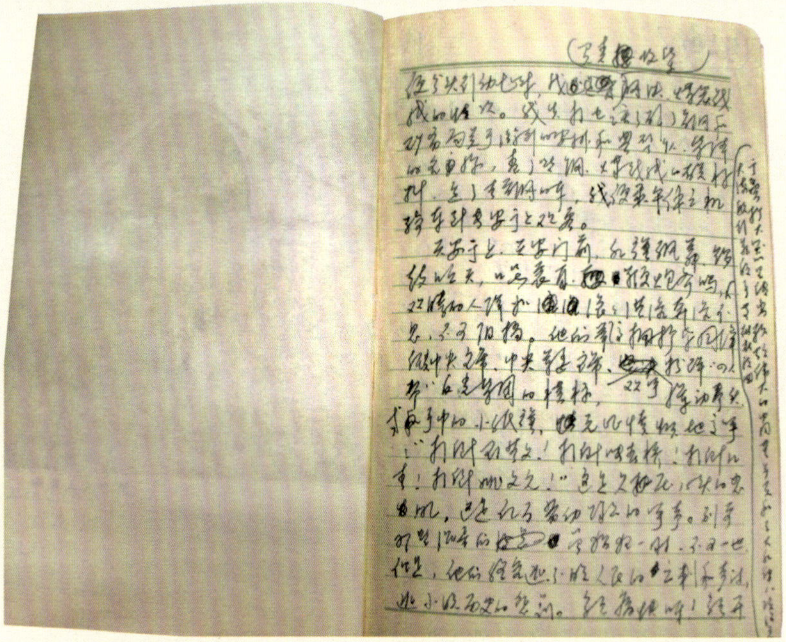

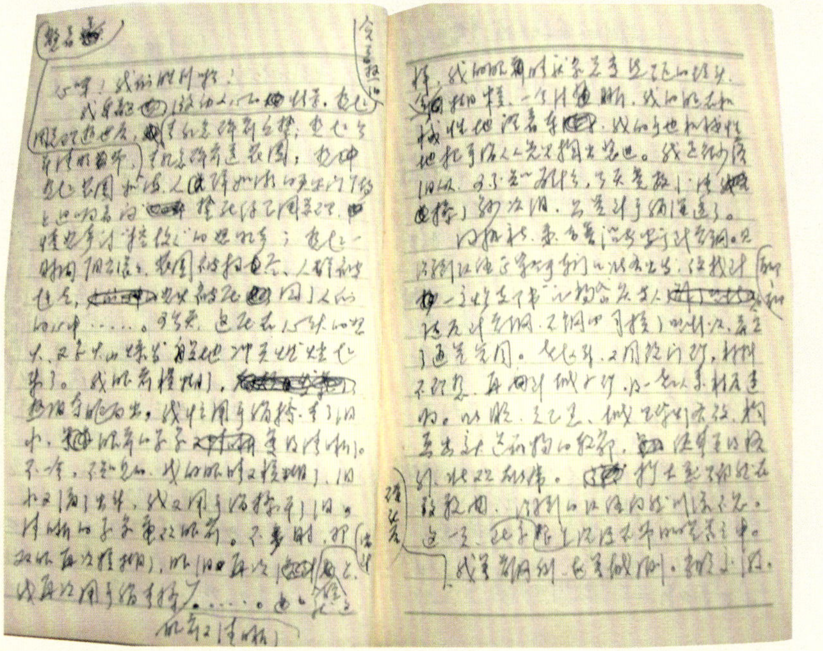

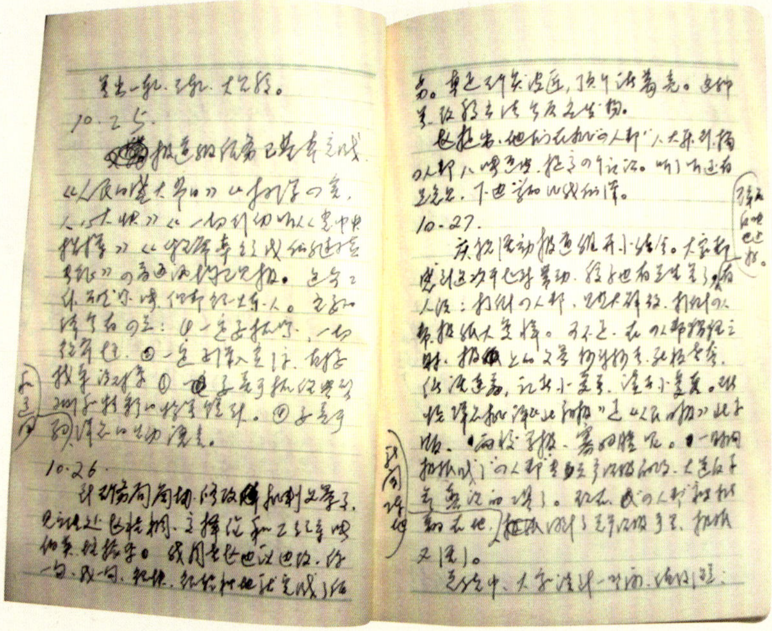

渔家傲 · 祝捷

一阵秋风送捷报，心涛难抑仰天笑。

妖噫赛似登基号，何曾料：皇冠本是肥皂泡。

八亿明眸孰能罩？！毒蛇艳鬼逃不掉。

百川东流冲势浩，雷霆告：中华永踏康庄道！

——摘自刘霆昭 1976 年 10 月 11 日的日记

七、天安门事件平反

1978 年 11 月 16 日，首都各报头版头条同时刊发了新华社的通稿，大标题是《天安门事件完全是革命行动》，党中央为1976年清明节广大群众悼念周总理的活动彻底平反。

我保存在家中烟道里的丙辰清明所拍照片、所写诗文重见天日，先后被《北京日报》《人民日报》等媒体选登，并被《人民的悼念》大型画册、《扬眉剑出鞘》大型纪录片选用，还参加了庆祝粉碎“四人帮”伟大胜利的全国影展。

我清明节在纪念碑下有感而发写出并挂在浮雕旁花圈上的《清明伟碑耸花丛》的七律诗及此后撰写的《挺身而出》《突围》《夜战》《不平凡的花圈》等文章，被收入《天安门诗抄》《天安门诗文选》《丙辰清明见闻录》等书正式出版。

历史就是历史，不容任何人肆意篡改！

历史就是历史，终究会还其本来面目！

北京日報
BEIJING RIBAO 1978年11月16日 星期四 农历戊午年十月十六 第9307号

中共北京市委宣布
天安门事件完全是革命行动
对于因一九七六年清明节沉痛悼念敬爱的周总理、忿怒声讨"四人邦"而受到迫害的同志要一律平反，恢复名誉

新华社十一月十五日讯　中共北京市委在最近举行的常委扩大会议上宣布：一九七六年清明节广大群众到天安门广场沉痛悼念敬爱的周总理，忿怒声讨"四人邦"，完全是革命行动。

会上宣布：一九七六年清明节，广大群众到天安门广场悼念我们敬爱的周总理，完全是出于对周总理的无限爱戴、无限怀念和深切哀悼的心情；完全是出于对"四人邦"祸国殃民的滔天罪行深切痛恨，它反映了全国亿万人民的心愿。广大群众沉痛悼念敬爱的周总理，忿怒声讨"四人邦"，完全是革命行动。对于因悼念周总理、反对"四人邦"而受到迫害的同志要一律平反，恢复名誉。

实事求是 有错必纠
《人民日报》评论员

实事求是才能有错必纠

落实政策的根本依据是事实

◇ 刊发天安门事件被平反的新华社通稿和《人民日报》评论的《北京日报》

刘霆昭 1978 年 11 月 – 12 月日记摘录

11月16日:

今日新华社发的《北京市委宣布天安门事件完全是革命行动》的消息引起强烈反映。据说，天安门前、纪念碑下又出现了激动人心的沸腾景象。"童怀周"去卖诗抄，读诗歌，以怀念"四五"，畅抒激情，欢呼胜利，怒斥小丑。历史是无情的审判官，谁想违抗必将身败名裂，无论遇到什么障碍，历史毕竟要还其本来面目，是谁也抹杀不掉的

注：新华社 1978 年 11 月 15 日发表了题为《中共北京市委宣布 1976 年天安门事件完全是革命行动》的新闻稿，这篇只有 230 字的短消息，在国内外引起巨大轰动。

11月21日:

"四五"运动的宣传报道气势磅礴，历史还其本来面目，功与罪得到公正评说。"四五"运动标志着中国人民的新觉醒，是划时代的壮举。人民是历史的主人，人民是国家的主人，全靠自己去为民族兴亡、国家前途、人民幸福而争斗、呐喊，而不靠神仙皇帝、救世主。

王立行等得知我留存记录天安门事件的照片和日记，兴致很大。我遵命整理这些根据现场所见记的日记。

注：王立行时任北京日报主管新闻的副总编辑（后任北京市委常委、宣传部部长），他让我将"四五"运动期间写的日记整理出来，亲自作了《"四五"运动一个参加者的日记》（摘录）的标题，签字发排，并写了如下编者按：

◇ 1978 年 11 月，由北京日报社领导亲自签发排印的刘霆昭“四五”运动日记的铅字小样局部

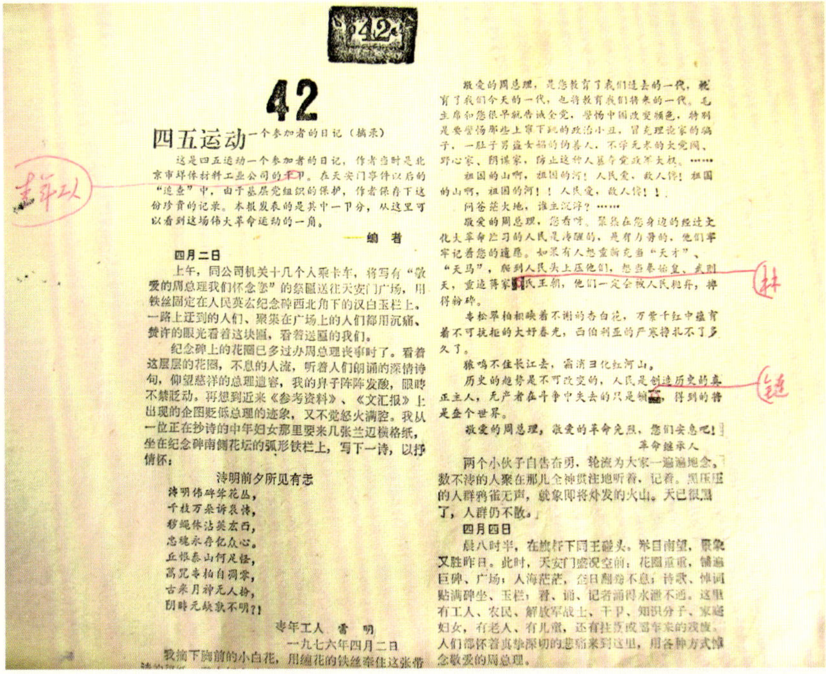
42

42

四五运动——一个参加者的日记（摘录）

这是四五运动一个参加者的日记，作者当时是北京市墙体材料工业公司的干部。在天安门事件以后的“追查”中，由于基层党组织的保护，作者保存下这份珍贵的记录。本报发表的是其中一部分，从这里可以看到这场伟大革命运动的一角。

——编者

四月二日

上午，同公司机关十几个人乘卡车，将写有“敬爱的周总理我们怀念您”的祭匾送往天安门广场，用铁丝固定在人民英雄纪念碑西北角下的汉白玉栏上。一路上迂到的人们、聚集在广场上的人们都用沉痛、赞许的眼光看着这块匾，看着送匾的我们。

纪念碑上的花圈已多过办周总理丧事时了。看着这层层的花圈，不息的人流，听着人们朗诵的深情诗句，仰望慈祥的总理遗容，我的鼻子阵阵发酸，眼睛不禁贬动。再想到近来《参考资料》、《文汇报》上出现的企图贬低总理的迹象，又不觉怒火满腔。我从一位正在抄诗的中年妇女那里要来几张兰边横格纸，坐在纪念碑南侧花坛的弧形铁栏上，写下一诗，以抒情怀：

诗明前夕所见有志

诗明伟碑华花丛，
千枝万朵诉衷情，
移绳体沾英雄石，
忠魂永存亿众心。
丘恨泰山何足怪，
高咒专柏自凋零，
古来月神无人拾，
阴晴无缺孰不明?!

青年工人 雷明
一九七六年四月二日

我摘下胸前的小白花，用缠花的铁丝牵住这张带

敬爱的周总理，是您教育了我们过去的一代，教育了我们今天的一代，也将教育我们将来的一代。毛主席和您很早就告诫全党，警惕中国改变颜色，特别是要警惕那些上窜下跳的政治小丑，冒充理论家的骗子，一肚子男盗女娼的伪善人，不学无术的大党阀、野心家、阴谋家，防止这种人篡夺党政军大权。……

祖国的山啊，祖国的河！人民爱，敌人惧！祖国的山啊，祖国的河！！人民爱，敌人惧！！

问苍茫大地，谁主沉浮？……

敬爱的周总理，您看呀，聚集在您身边的经过文化大革命应习的人民是清醒的，是有力量的，他们牢牢记着您的遗愿。如果有人想重新充当“天才”、“天马”，爬到人民头上压他们，想当秦始皇、武则天，重造蒋家[redacted]氏王朝，他们一定会被人民抛弃，摔得粉碎。

青松翠柏衬映着不谢的杏白花，万紫千红中蕴育着不可抗拒的大好春光，西伯利亚的严寒挣扎不了多久了。

猿鸣不住长江去，霜消日化红河山，

历史的趋势是不可改变的，人民是创造历史的真正主人，无产者在斗争中失去的只是锁[redacted]，得到的将是整个世界。

敬爱的周总理，敬爱的革命先烈，您们安息吧！

革命继承人

两个小伙子自告奋勇，轮流为大家一遍遍地念。数不清的人聚在那儿全神贯注地听着，记着。黑压压的人群鸦雀无声，就象即将炸发的火山。天已很黑了，人群仍不散。

四月四日

晨八时半，在旗杆下同王碰头。举目南望，景象又胜昨日。此时，天安门盛况空前：花圈重重，铺遍巨碑、广场；人海茫茫，终日翻涌不息；诗歌、悼词贴满碑坐、玉栏；看、诵、记者涌得水泄不通。这里有工人、农民、解放军战士、干部、知识分子、家庭妇女，有老人、有儿童，还有拄拐或驾车来的残废。人们都怀着真挚深切的悲痛来到这里，用各种方式悼念敬爱的周总理。

这是“四五”运动一个参加者的日记，作者当时是北京市墙体材料工业公司的干部。在天安门事件以后的“追查”中，由于基层党组织的保护，作者保存下这份珍贵的记录。本报发表的是其中一部分，从这里可以看到这场伟大革命运动的一角。

12月5日:

见《人民日报》战地专刊所刊的丙辰清明纪事征文启事，颇受鼓舞，取来小样，补进多虑者所删内容，准备响应一下。

12月6日:

将小样并一月八日后的三篇日记稿送至征文组袁茂余处，其甚悦。

12月23日:

广播三中全会公报，批“帮”告停，转向四化。

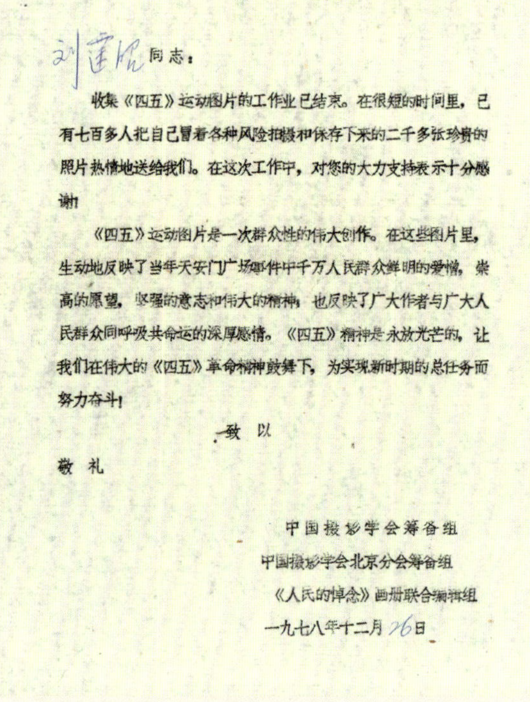

刘霆昭同志：

收集《四五》运动图片的工作业已结束。在很短的时间里，已有七百多人把自己冒着各种风险拍摄和保存下来的二千多张珍贵的照片热情地送给我们。在这次工作中，对您的大力支持表示十分感谢！

《四五》运动图片是一次群众性的伟大创作。在这些图片里，生动地反映了当年天安门广场事件中千万人民群众鲜明的爱憎，崇高的愿望，坚强的意志和伟大的精神，也反映了广大作者与广大人民群众同呼吸共命运的深厚感情。《四五》精神是永放光芒的，让我们在伟大的《四五》革命精神鼓舞下，为实现新时期的总任务而努力奋斗！

致以

敬礼

中国摄影学会筹备组

中国摄影学会北京分会筹备组

《人民的悼念》画册联合编辑组

一九七八年十二月26日

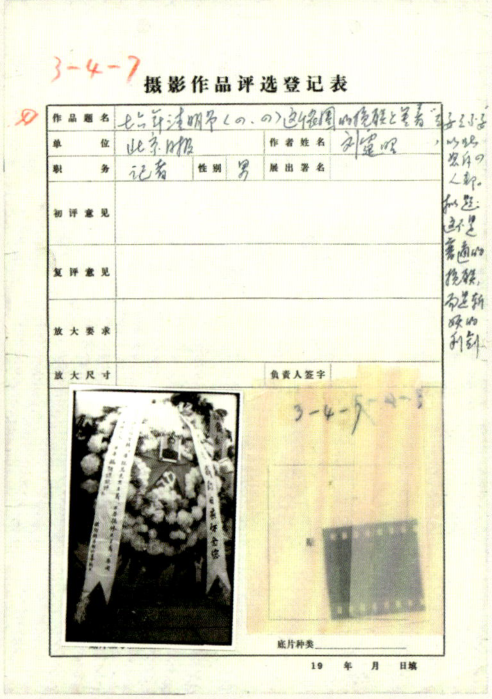

3-4-7

摄影作品评选登记表

作品题名　单位 北京日报　作者姓名 刘霆昭　职务 记者　性别 男　展出署名

初评意见　复评意见　放大要求　放大尺寸　负责人签字

贴底片袋　底片编号　底片种类　19 年 月 日填

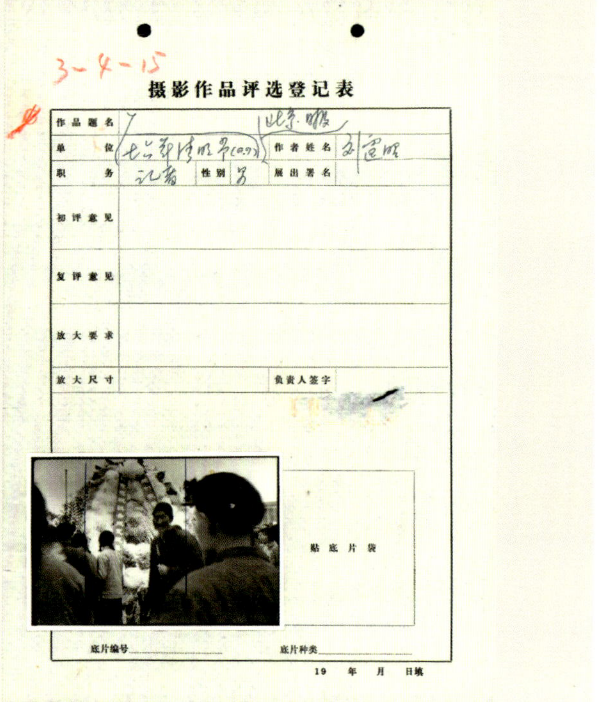

3-4-15

摄影作品评选登记表

作品题名　单位 北京日报　作者姓名 刘霆昭　职务 记者　性别 男　展出署名

初评意见　复评意见　放大要求　放大尺寸　负责人签字

贴底片袋　底片编号　底片种类　19 年 月 日填

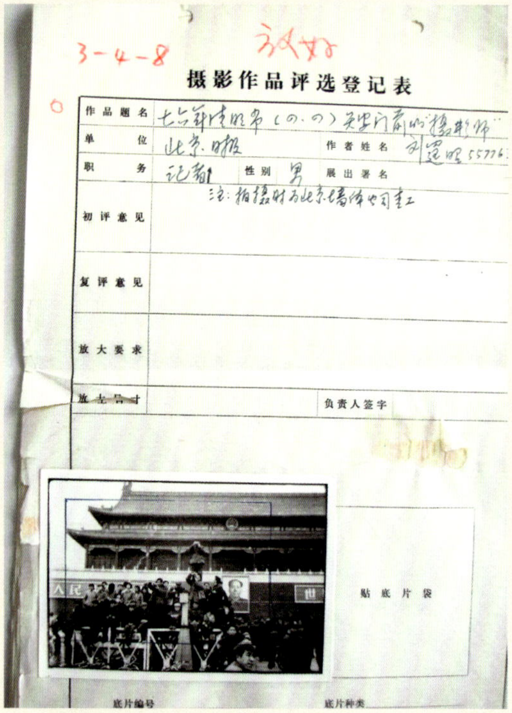

3-4-8

摄影作品评选登记表

作品题名　单位 北京日报　作者姓名 刘霆昭　职务 记者　性别 男　展出署名

初评意见　复评意见　放大要求　放大尺寸　负责人签字

贴底片袋　底片编号　底片种类

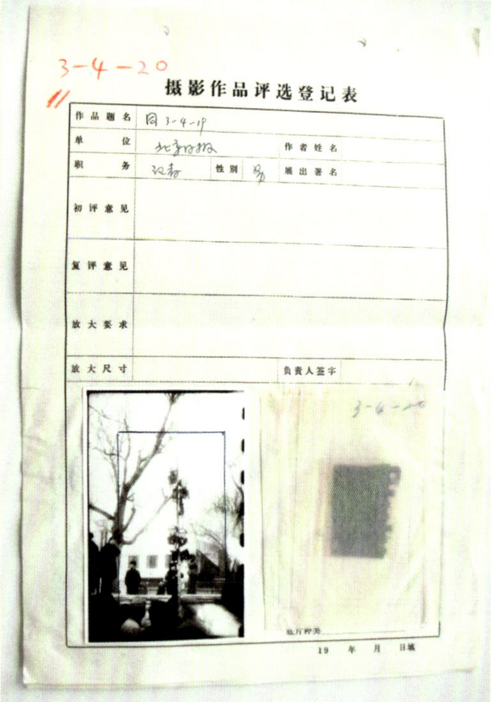

3-4-20

摄影作品评选登记表

作品题名 同3-4-17　单位 北京日报　作者姓名　职务 记者　性别 男　展出署名

初评意见　复评意见　放大要求　放大尺寸　负责人签字

底片种类　19 年 月 日填

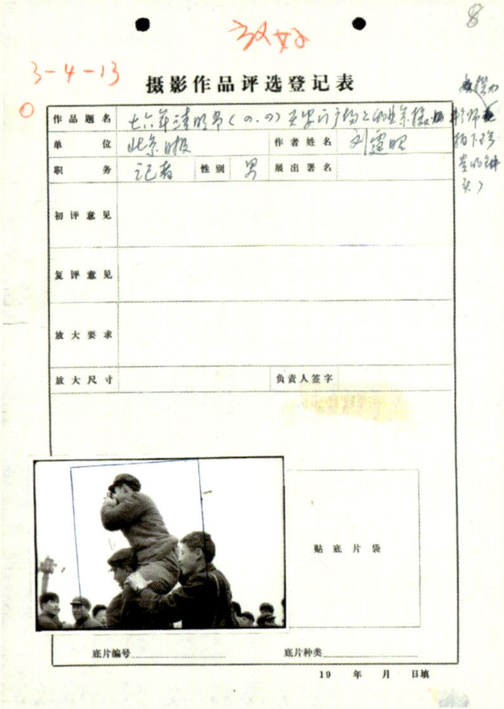

3-4-13

摄影作品评选登记表

作品题名　单位 北京日报　作者姓名 刘霆昭　职务 记者　性别 男　展出署名

初评意见　复评意见　放大要求　放大尺寸　负责人签字

贴底片袋　底片编号　底片种类　19 年 月 日填

◇ 刘霆昭向中国摄影学会和《人民的悼念》画册联合编辑组提交的“四五”运动照片登记表、样片及编辑组的回信刘霆昭当年拍摄、尘封两年多的“四五”运动照片重见天日后，被《人民日报》《北京日报》等媒体及《人民的悼念》大型画册选登，还参加了全国影展并被《扬眉剑出鞘》大型纪录片选用

◇《北京日报》发表的“四五”运动照片

◇《人民日报》发表的“四五”运动照片

◇ 参加全国影展的照片

◇ 收入纪录片《扬眉剑出鞘》的照片

◇《人民的悼念》大型画册选用的部分照片

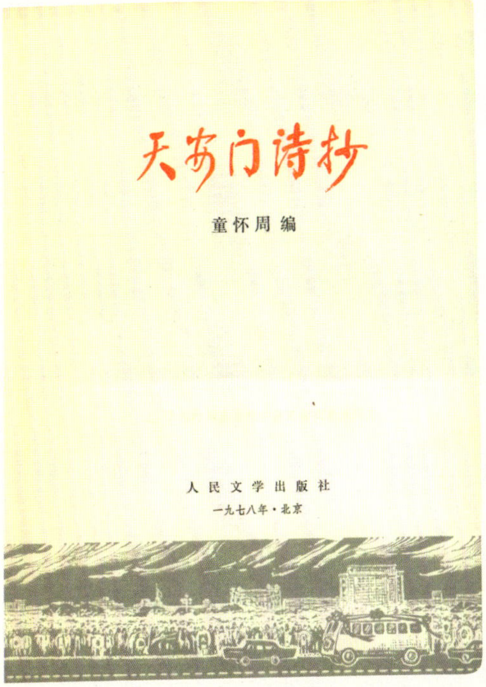

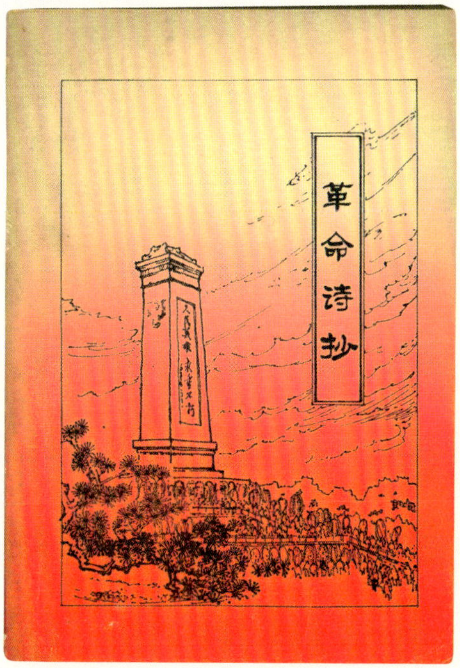

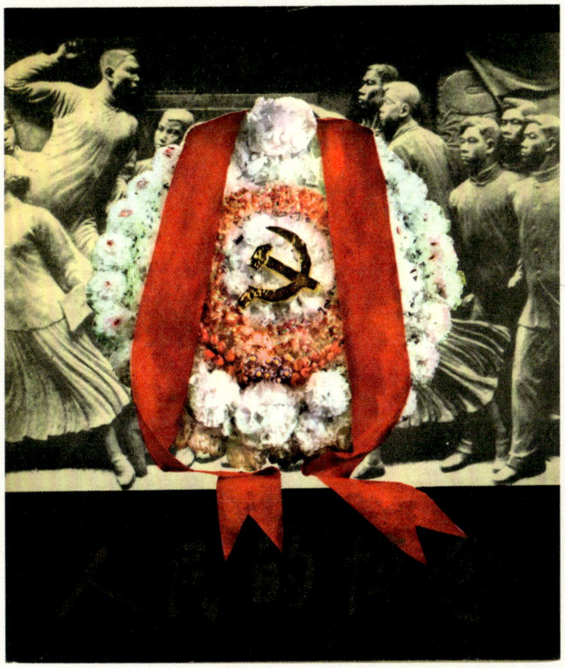

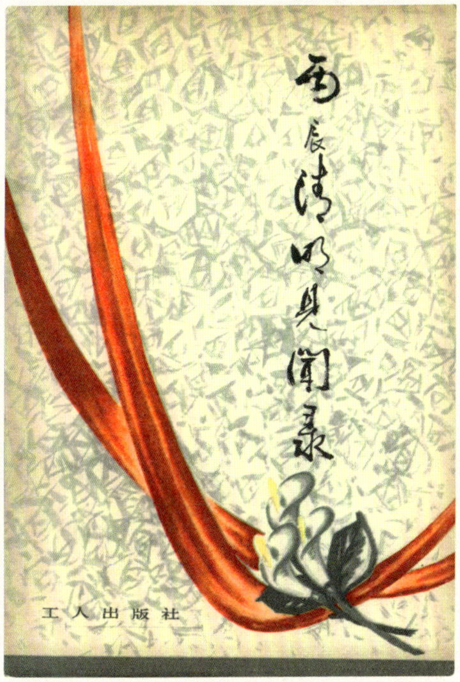

◇ 本书作者为怀念周总理、配合“四五”运动平反撰写、发表的文稿和刊发这些文稿的书籍（《天安门诗抄》《丙辰清明纪事》《丙辰清明见闻录》）等的封面及部分篇章的影印件

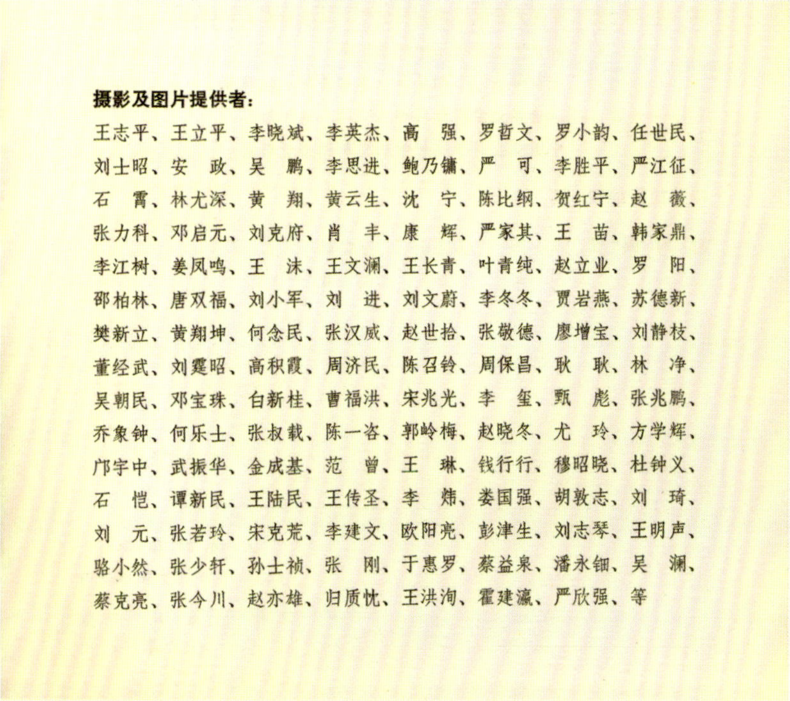

摄影及图片提供者：

王志平、王立平、李晓斌、李英杰、高　强、罗哲文、罗小韵、任世民、刘士昭、安　政、吴　鹏、李思进、鲍乃镛、严　可、李胜平、严江征、石　霄、林尤深、黄　翔、黄云生、沈　宁、陈比纲、贺红宁、赵　薇、张力科、邓启元、刘克府、肖　丰、康　辉、严家其、王　苗、韩家鼎、李江树、姜凤鸣、王　沫、王文澜、王长青、叶青纯、赵立业、罗　阳、邵柏林、唐双福、刘小军、刘　进、刘文蔚、李冬冬、贾岩燕、苏德新、樊新立、黄翔坤、何念民、张汉威、赵世拾、张敬德、廖增宝、刘静枝、董经武、刘霆昭、高积霞、周济民、陈召铃、周保昌、耿　耿、林　净、吴朝民、邓宝珠、白新桂、曹福洪、宋兆光、李　玺、甄　彪、张兆鹏、乔象钟、何乐士、张叔载、陈一咨、郭岭梅、赵晓冬、尤　玲、方学辉、邝宇中、武振华、金成基、范　曾、王　琳、钱行行、穆昭晓、杜钟义、石　恺、谭新民、王陆民、王传圣、李　炜、娄国强、胡敦志、刘　琦、刘　元、张若玲、宋克荒、李建文、欧阳亮、彭津生、刘志琴、王明声、骆小然、张少轩、孙士祯、张　刚、于惠罗、蔡益泉、潘永钿、吴　澜、蔡克亮、张今川、赵亦雄、归质忱、王洪洵、霍建瀛、严欣强、等

◇《人民的悼念》大型画册摄影及图片提供者名单

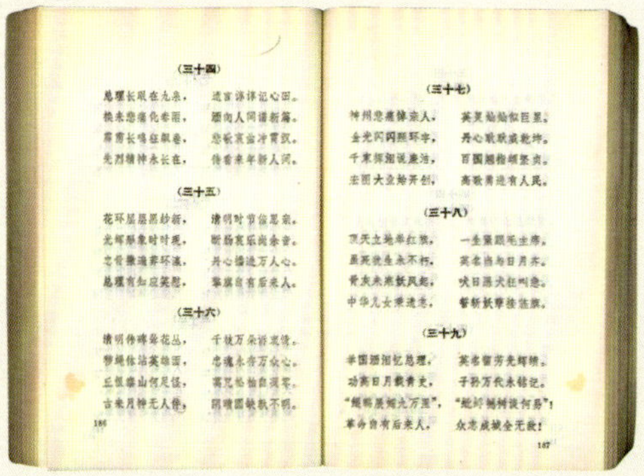

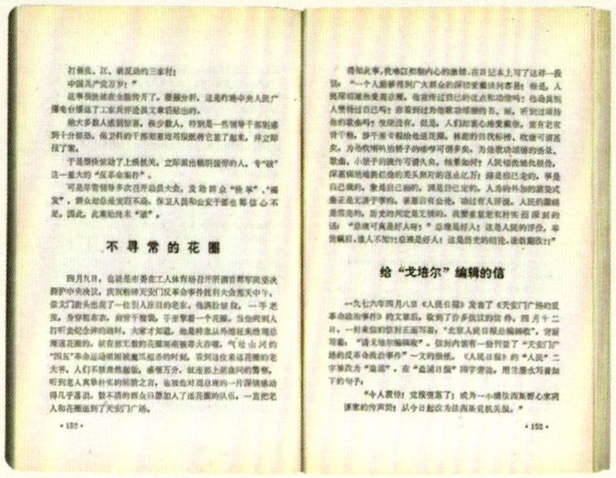

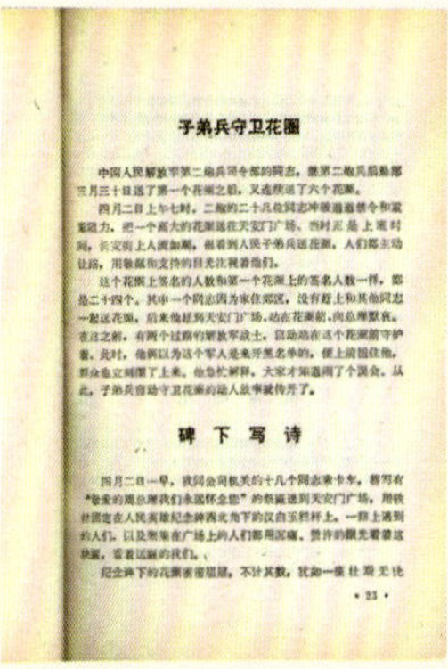

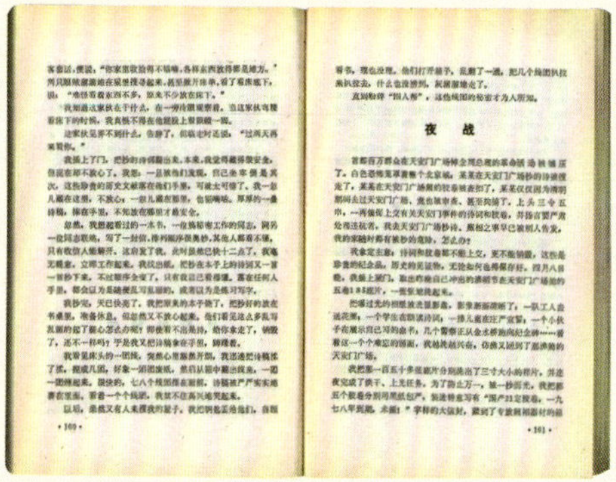

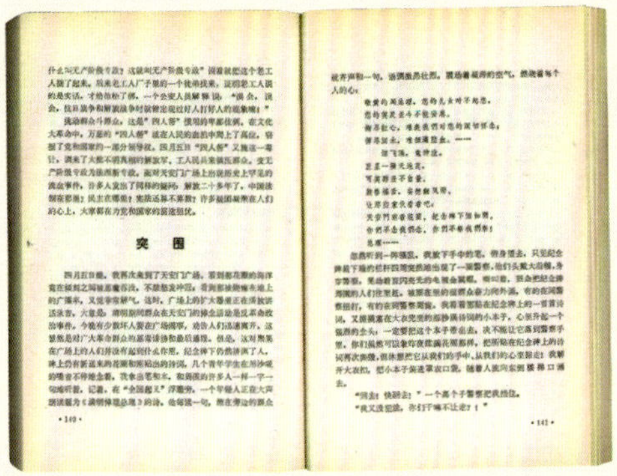

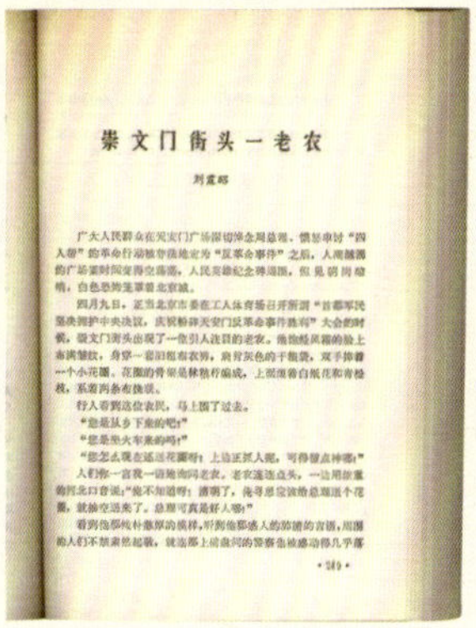

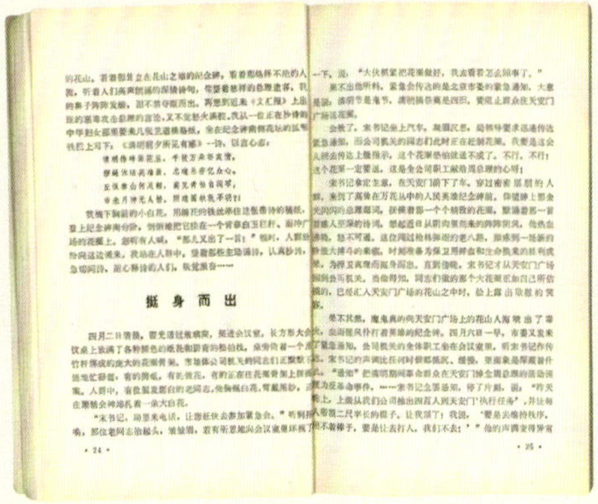

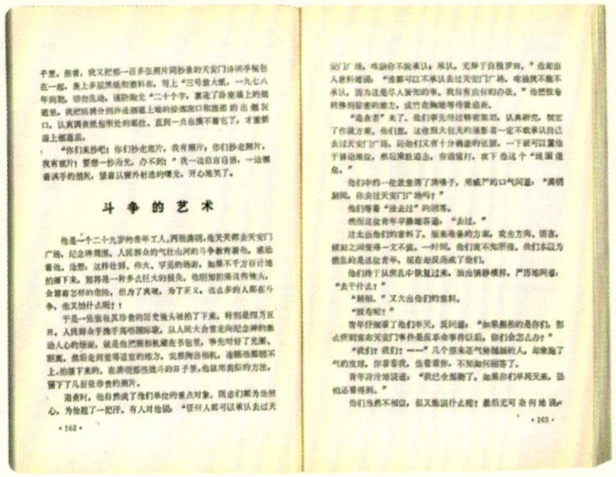

刘霆昭 1978 年 11 月 – 1979 年 7 月 部分日记摘录

记述以上史实，特别是与“童怀周”及媒体交往的情况。

1978 年 11 月 18 日:

上班方知昨日美术组急找我，要选些天安门事件的照片配进清明节画刊发。遗憾的是，人不在，事不巧，本报的片子未能挤出。文艺部也要个此类刊头，我急取出原印小样，由其选择。这些在烟道里委屈了一年多的珍贵照片终于要彻底解放了。这就是历史，这就是规律。忍耐、坚持是不易的，也是可贵的。

1978 年 11 月 20 日:

“童怀周”骨干白晓朗送还天安门事件中所摄胶卷。

1978 年 11 月 27 日:

见报上刊发要办“四五”运动影展，送去几张照片。

1978 年 11 月 29 日:

遵嘱送去几张初选选中的照片底片，启发是，要抓特点。

1979 年 1 月 4 日:

苏告：《人民的悼念》画册已出版，上面登了我的照片及署名。取来看，果如此。用我照片六七张，看来是“童怀周”代劳了许多事，感谢他们。这是件有历史意义的事。

1979 年 1 月 7 日:

到美术馆看“总理爱人民，人民爱总理”展览，有些片子从未见过，使我兴趣颇浓。“四五”运动部分照片选得不太精，不知是否有照顾熟人情绪问题。“同心协力拍下这珍贵的镜头”被选用，这对我来说是第一次。

1979年1月11日:

接到电话，到二外汉语教研室取《人民的悼念》画册，见到李先辉、白晓朗等。白正怀抱未满周岁的婴儿写关于“四五”运动的稿，其夫人黄老师正俯在另一张桌子上整理诗稿。一会儿编写《大百科全书》者来访，一会儿来送刻写蜡版的小伙子进了门，真是忙得不亦乐乎。白在画册上盖了“童怀周”的印章，将两册赠我。他还约我写点故事性较强的“四五”见闻之类，并要我留下“四五”运动中的照片20张，说出版书时准备选用。他的忘我工作精神值得我好好学习。

1979年3月31日:

《人民日报》发表了“老农”的照片，摄办寄来“四五”运动优秀照片发奖会请柬。

1979年4月4日:

持请柬到民族宫参加中国文学艺术界联合会和中国摄影学会筹备组召开的“四五”运动优秀照片授奖大会。文联副主席阳翰笙、摄影学会筹备组负责人及受奖代表王立平讲了话。发奖（奖状和相册，分一二三等）后，演《扬眉剑出鞘》，见其中选用了两位女青年读诗的镜头，虽由于摄制者疏忽落了署名，我仍为能为此片作出些贡献而感宽慰。

1979年7月25日:

到二外取《天安门诗文续编》。

刘霆昭 1978 年 11 月－ 1979 年 7 月部分日记的手稿

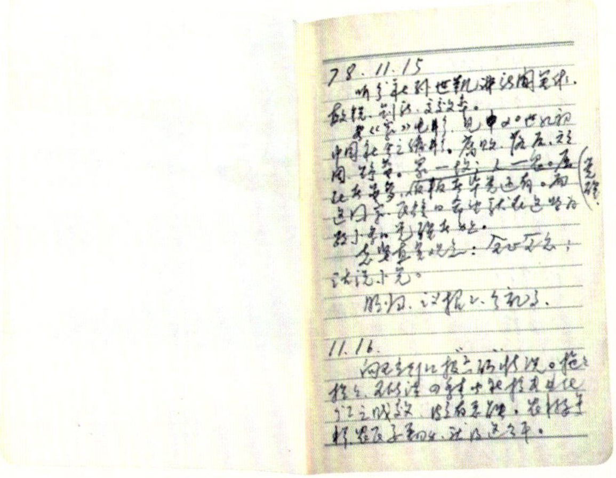

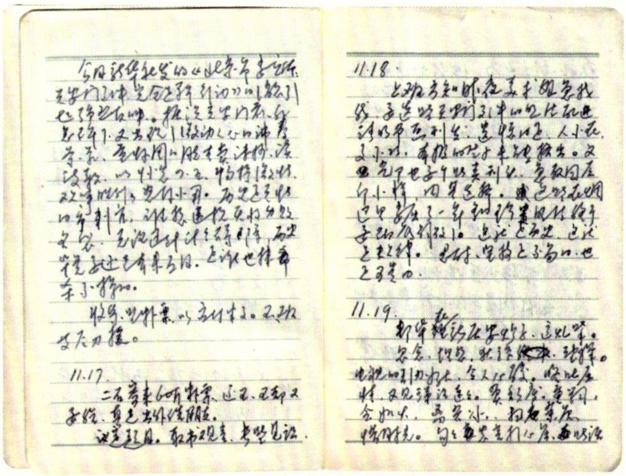

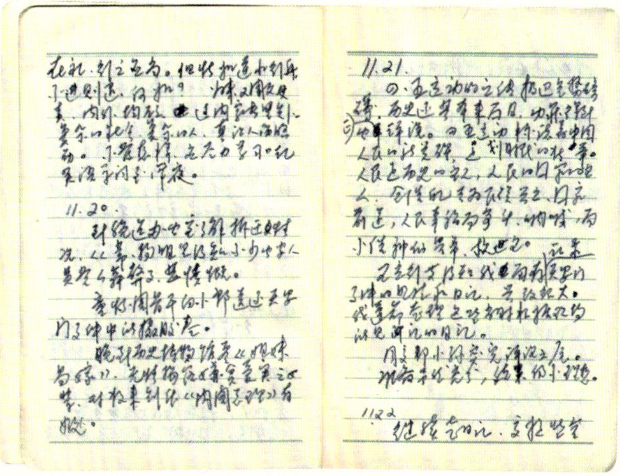

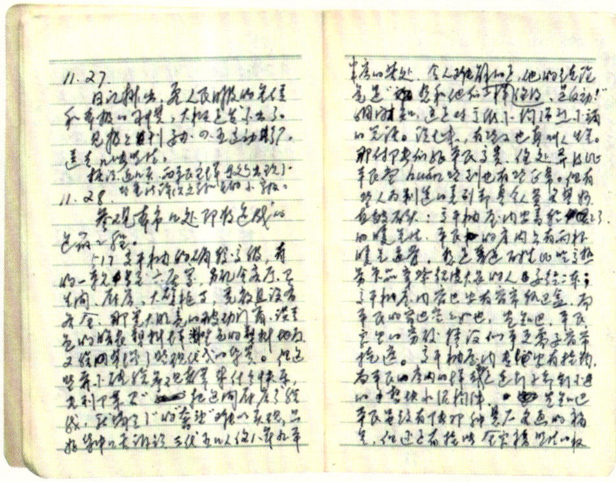

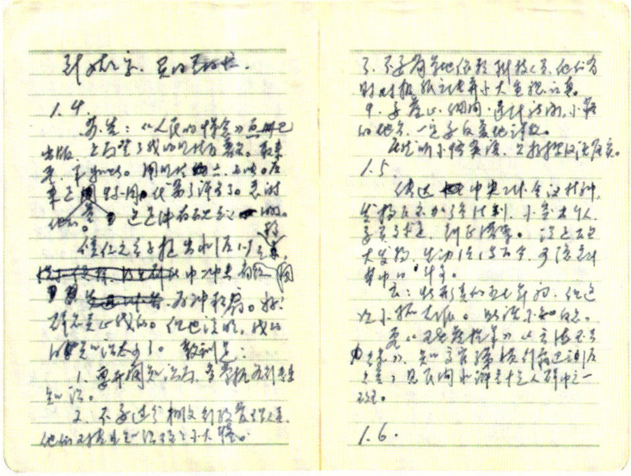

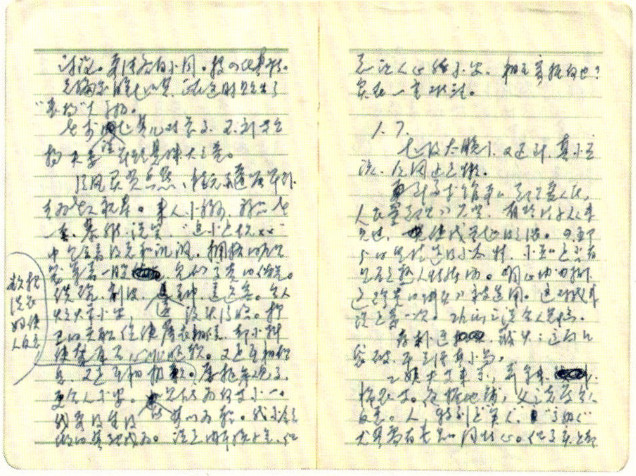

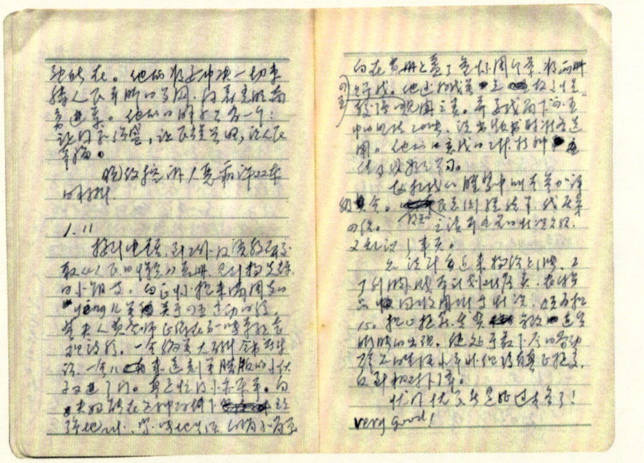

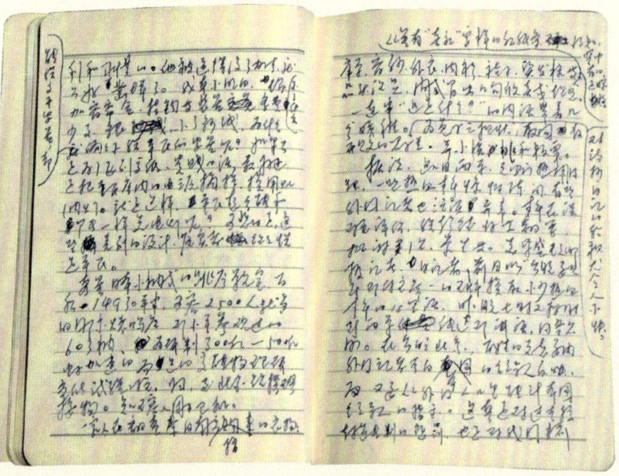

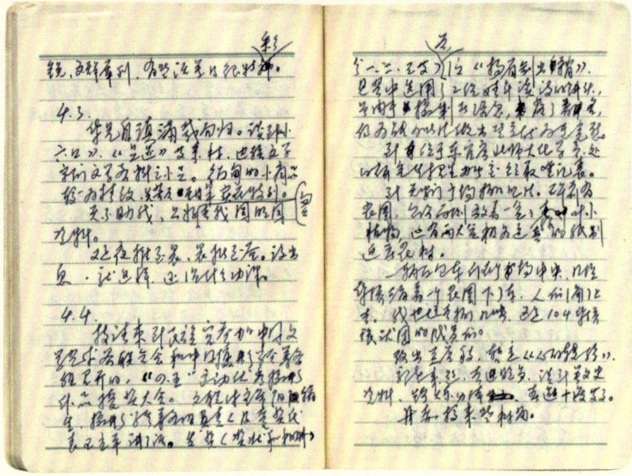

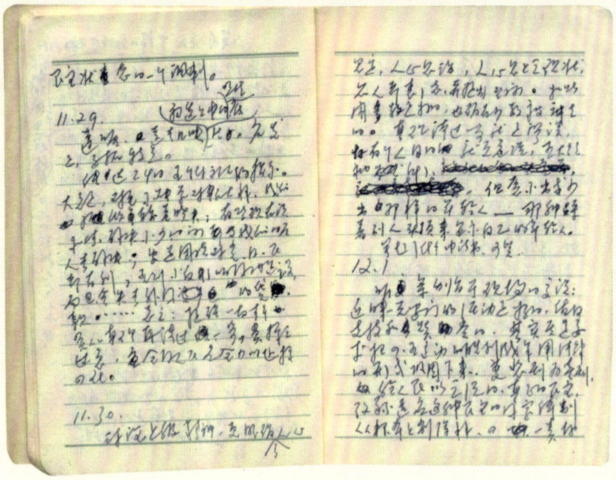

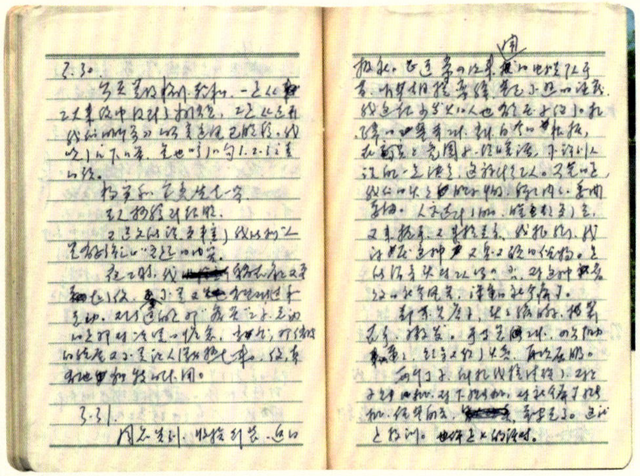

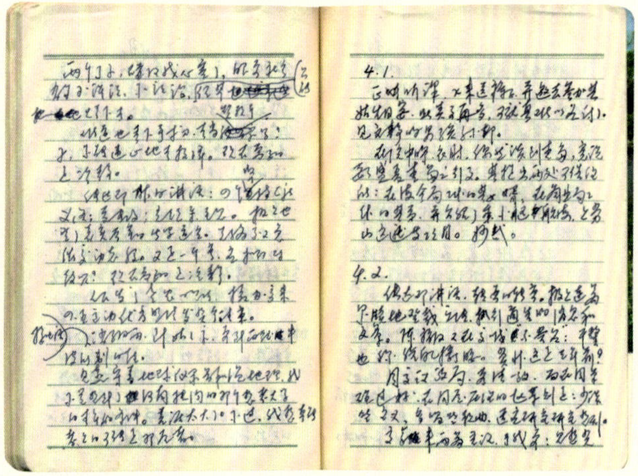

刘霆昭1977年1月－1979年1月日记摘录

刘霆昭记述纪念周总理逝世一、二、三周年，呼吁为天安门事件平反及参加采访周总理往事座谈会，观看纪念周总理演出，参观周总理图片展、生平展等怀念周总理多项活动的日记。

1977年1月5日:

到市委党校听许涤新（跟随总理多年，后为总理经济秘书，现为国家计委顾问，去年曾为写、讲总理事迹被“四人帮”关押）讲总理的动人事迹。他讲得有感情，也还算生动。随口讲了不少讲稿之外的材料，不错。

等北钢照片，听说上面有个人有问题，恐怕够呛。

晚拍从人民日报社等处取来的邓颖超端总理骨灰盒等照片。

1977年1月6日:

到供电局礼堂看电影《敬爱的周总理永垂不朽》，他们开纪念周总理逝世一周年大会，这部被“四人帮”扣压一年的不朽影片同人民见面，真令人兴奋和激动。照片拍得不错，也真不易。这是新闻摄影师满怀深切的悲痛和哀悼之情拍摄的，是冒着当反革命、掉脑袋的危险保存下来的。看到它不禁使人对这些英雄肃然起敬。此片许多镜头感人至深、迫人落泪：群众自愿夹道护送灵车队；邓颖超等趴在总理棺上痛哭；邓将骨灰盒从文化宫转到大会堂……特别看到那些记述周总理生前革命活动的珍贵的历史性镜头，更使人崇敬和怀念周总理。但是，大家对这片子还是不满意，总觉得它没能充分反映自己的哀悼和怀念之情。我拍了几张，屋里虽不暗，但烟气腾腾，离得又远，效果好不了。

……

历史真相一定要澄清，大是大非一定要辨明，真正的功臣、罪人一定要得到应得的奖惩。人民是真正的英雄，历史是不可抗拒的！

同张老师到杜石安家参加婚礼，其在师院搞翻译的姨很直率、健谈。

1977年1月7日:

部里开纪念周总理逝世一周年座谈会，大家谈了自己在采访中了解到的总理动人事迹，使我很受感动和教育。如：冒雨参加清华大会；穿带补丁衣向孙梅英敬酒；保陈毅；在台阶上踱两来回算作休息；关心时传祥；批评轰别人车的司机；批评给别人理半截发就要给总理理发的理发员；报纸糊窗缝不换窗帘；不能只给我备面汤；退一斤花生米；买好票才能进颐和园；给在商店偶遇的老同事寄去二百元和一些衣物；西瓜切小，芒果沏水，一人一份；主动去看望万里；不让安铜插销；梨子要上交；踢“旧”的鞋被识破……令人终生难忘。

晚到首都剧场看由专业和业余文艺单位联合举办的“纪念周恩来总理逝世一周年文艺演出”，诗《丰碑颂》有些句子写得还不错，如“百里人河拥灵车，万里神州泪水淹。大地的新绿是总理的笑颜，奔流的江河是总理跳动的心脏……”一对儿童的诗表演《鲜花献给周爷爷》，构思新颖，感情真挚，孩子们的朗诵夹着哭声，腮上挂着泪水，的确感人至深。人艺《幸福的回忆》，钢厂《手扶钢钎述豪情》都是回忆和周总理在一起时的幸福情景。老艺人关学增的北京琴书《周总理永远活在我们心中》受到大家的欢迎。最后幻灯在银幕上映出了立体感很强的总理招手像，观众眼含泪光报以雷鸣般的掌声。

出剧场，打算去天安门看看。见人民日报社报栏北侧围着一圈人。上前一看，是一张打字油印小字报，题目是：人民是不可战胜的。署名是首都工人（一、七），内容主要是说“天安门事件”。小字报把“天安门事件”比作巴黎公社运动、十月革命，把“四人帮”在此上搞的鬼比作国会纵火案、“四一二”反革命政变，斥其“在伟大的首都天安门广场步北洋军阀的后尘，残酷地镇压人民群众”。小字报驳斥：“有的说什么那时反‘四人帮’也是反革命”……在这场剧烈的阶级大搏斗中那些不愚蠢的人究竟干了些什么呢？小字报引用了《红心——打鬼人》这首诗，还指出，一切违背人民的利益和愿望，站在人民对立面的人，不管是谁，最终只能充当小丑的角色，被钉在历史的耻辱柱上，遭到历史无情地嘲弄和惩罚。小字报最后写了口号：“天安门事件的死难烈士永垂不朽！”“揭开‘天安门事件’内幕，向‘四人帮’讨还血债！”……

天安门前更热闹。华表、灯杆、记者台上放着花圈，共十余个，是清华大学电子系（又称机械系）、北京电视设备厂、七二一大学、中国科学院教学研究所、机电学院电子专业科研组等单位送的。半导体器件三厂献的镶有党旗图案花圈上的黑绸挽联写道：“想总理满眼泪水一年去，除‘四害’总理笑慰天上来”。西记者台上的大花圈是新华印刷厂工人送的，挽联写的是：“沉痛悼念最敬爱的周总理，沉痛悼念为保卫敬爱的周总理被‘四人帮’杀害的‘四五’烈士！”东华表两侧灯杆上是铁路文工团话剧队乐队送的花圈，挽联是：“悲送总理含恨去，喜迎总理笑归来。”华表周围铁链上系着不少白花，还有一个署名“革命的一家人”的小花圈。

……

路北一棵小树旁围满了人，他们解气地比画着、议论着。走上前一看，原来树上吊着王张江姚四个丑类的玩偶。这四块料，大脑袋小身子，身穿深绿色破衫，面目可憎，脑子上套着一根绳，绳系一块悬在胸前的木牌，木牌上写着打着叉儿的其名。“真像！真像！”“真有能耐人，怎么琢磨的！？”“嘿，你看，还给江青做了个假屁股呢！……”“哈！哈！哈……”又是一阵哄笑。

1977年1月8日：

今天是周总理逝世一周年纪念日。

一早，我们到三楼会议室看纪念周总理的图片展览，到天坛去买花。

午，又到天安门。花圈、花篮等多过昨日，有的已放上了灰观礼台。天安门前，纪念堂工地北木围墙上贴出不少标语、诗词和传单。《致周总理和邓颖超同志》诗，把他们比作马克思同燕妮、列宁和克鲁普思卡亚，木墙上有“周总理精神万岁”的大标语。“谈谈对邓小平同志的看法”的大字

◇ “四人帮”被吊在树上的照片

报论了下邓的功过。华表下，清华送的一个花圈下端贴着印有邓小平在周总理追悼会上致悼词的照片和报道的报纸。

我拍了几张照片（树吊“四人帮”、花圈、标语墙等），并作诗一首：

严冬之春

——写在周总理逝世一周年的天安门前

谁信北国笼冬寒，天安门前百花鲜。
伟人骨灰播珍种，黎民血泪浇一年。
光华璀璨镀日月，丰碑巍峨筑心间。
妖悬枯树淋唾雨，历史天平终不偏。

下午报社召开“纪念敬爱的周总理逝世一周年大会”，举行了默哀仪式，演了些怀念周总理的节目。

1977年1月9日:

天安门前纪念活动达高潮。此处马路已堵塞。1路、10路公共汽车等要从南绕行，我就是这样从西单徒步前往的。当晚，我看到，花圈、花篮等已摆满了灰、红观礼台，金水桥和天安门城楼的南墙根，人们自由自在地在观礼台上走来走去，仔细地欣赏那些精致的“艺术品”，认真地抄录那些悼念的诗词，有人在翻越红观礼台的隔墙时，还不由自主地开心地笑了。天安门前灯光通明,观礼台侧插着“禁止吸烟”的牌子,停着救护车，看来上级是大力支持的……

纪念堂北木墙上贴着油印的1976年清明节天安门广场革命诗抄，分代序、挽词、挽联、律诗、词等，我所写《清明前夕所见有感》被选入，只是错了三字（耸、万、伴），我拿笔改正了。

儿童医院前街旁的墙上，贴出了谴责 ××× 的标语：

◇ 周总理逝世一周年刘霆昭在天安门前拍摄的照片

“×××必须向党和人民交代与‘四人帮’的关系和‘天安门事件’真相”，“×××要对天安门流血事件承担法律责任”。一个上海人主动走上前同我谈话，他气愤地说起去年四五月份，上海向各基层单位印发×××的报告“天安门反革命事件真相”的事，说：“他们总想欺骗群众，可群众总是骗不了的。”

1977年4月2日：

到历史博物馆看“伟大的无产阶级革命家，杰出的共产主义战士周恩来同志纪念展览”，我受到了极深的教育。

我看到周总理1917年赴日本留学前夕所作的诗：大江歌罢掉头东，邃密群科济世穷，面壁十年图破壁，难酬蹈海亦英雄。

我看到周总理在五四运动时期主编的《天津学生联合会报》《觉悟》周刊和天津协成印刷局工人印这些报刊所用的印刷机。

我看到周总理参加北伐战争，领导上海工人武装起义、领导南昌起义，解决西安事变，参加万里长征，在延安参与领导抗日战争和解放战争等方面的照片和图画。

我看到周总理1950年给在莫斯科的中国留学生的亲笔题词“艰苦奋斗，努力学习”；出席日内瓦会议和万隆会议时穿过的灰大衣、用过的公文包；视察煤矿时用过的矿工服、毛巾、雨靴、矿灯；视察舰艇时坐过的椅子；在河北固安仁桥幼儿园同农村儿童合唱《东方红》时的笑貌；为河北安国制药厂工人题词：敢想、敢说、敢干；苦干，实干，巧干。

我看到周总理在“文革”中戴过的毛主席像章——那人们熟悉的有毛主席头像和“为人民服务”手迹的长方形横条章以及穿过的军装和戴过的红卫兵袖章；1966年7

月28日到二外指导工作时交伙食费所开的单据（按学生伙食标准交，4两粮2毛5分钱，后又添上5分和同学合喝的汤钱）。

我看到周总理在十大、四大上用过的眼镜。在床上办公用过的普通三合板和邓颖超同志帮助设计的斜面小桌。因病脚肿特制的布鞋（在医院接见外宾时曾穿）。在重病中为坚持工作备用的硝酸甘油和清凉油。1974年5月6日最后一次到机场迎接塞内加尔总统桑戈尔和最后一次主持国庆招待会的照片。

我看到覆盖过周总理遗体的党旗、覆盖过周总理骨灰盒的党旗；邓颖超同志奉献的花圈（照片）和挽联；中国和外国人民悼念周总理的图片和诗文；那幅布满一面墙的油画：周恩来同志的骨灰撒在祖国的江河里和土地上（山、云、田、河、松）；在“对总理的悼念是人民的怀念”标题下展出的反映青年清明节天安门广场悼念场面的照片、诗词；一个八岁儿童所画的《大家想周爷爷》画……

我走到出口又迈步回头，反复瞻仰那复原陈列的周总理办公室（1949年始，内有书柜、书架、办公桌、会议桌、沙发椅等，一对沙发是毛主席1972年赠的）。精心抄下周总理周围的工作人员、战友，为了总理身体健康，写出的：“造反”大字报（叶剑英、陈毅、李先念、林巧稚等签了名，邓写了“补充建议”，周写了“诚恳接受要看实践”八字）。这就是周总理工作的一个侧影，这就是周总理为人民鞠躬尽瘁的生动反映。

我再往回走，又一次次凝视着周总理用过的洗漱具（破水碗，白玉牙膏、低级牙刷），经过接补的毛巾、补袜木板和他逝世前夕还穿在身上的破旧睡衣裤（由白底蓝格的绒布，已洗成破旧的白布了）。这就是周总理生活的一个侧影，是他克己奉公的真实写照。

由于看得过细，一上午不知不觉地过去了，出口时，纪念周总理文物选刊已售完，只买到一本悼念周总理的歌本留作纪念。

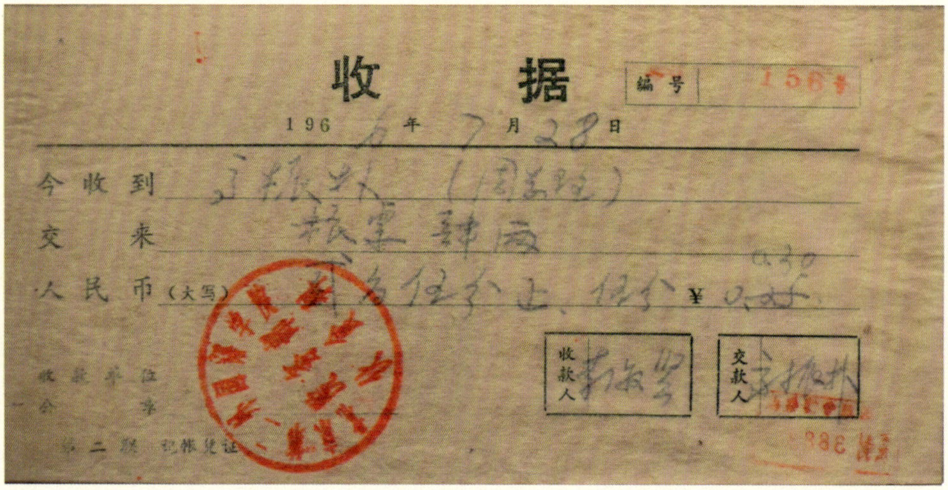
收据　编号 156号
196 6 年 7 月 28 日
今收到
交来
人民币（大写）　¥
收款人
交款人

◇ 周总理在北京第二外国语学院就餐时的交费收据（经办人高振普系周总理的卫士）

归路上，作诗一首：

看周总理纪念展览

一步更比一步缓，心潮起伏腾百感。泪水呀，
请莫遮我眼——
一张学运报，难写下革命先驱风华茂。
于无声处发怒吼，唤民砸铁镣。
一幅长征图，难画下战火硝烟漫天舞。
为除敌寇和国贼，倚天挥巨斧。
一双皮鞋极普通，记录着跋山涉水万里程。
赤县江河五洲山，处处留“恩”声。
一个袖章不寻常，点燃起冲天烈火高万丈，
奋携导师扭乾坤，呕血育小将。
一件旧衣迫人泪如雨，
补丁累累安能裹君体？！
一生清廉白如雪，洁似无瑕璧。
一只花圈引我想联翩，莽莽花海犹又浮眼前。
我欲将之改作鲜花束，恭捧待君还。
……

1978年1月8日:

好大的风，吹得车歪人倒。我同霆燕弟顶着风来到天安门广场。纪念碑周围有不少花圈、花篮、横匾、竖幅、图片和诗词。花样虽多，但规模却远不抵前几次，而且气氛也不同，几乎没有多少火药味了。我看到这次的一些特点：碑基正北一块黑底大横匾上写着“千古国魂”四金字；碑北下两侧各安置一新闻图片橱窗式的展台，上面有总理的照片和一些“四五”事件期间的照片和诗集封面，东侧的栏题是“萦哀何有尽，浩荡慰忠魂”；碑东浮雕之间隔墙上贴着一首诗：“为人民的人，人民亏欠他，北望纪念碑，唯有泪咽下。”恐是话里有话。碑周围还贴了些悼念总理的歌。抄诗的人着实不少。揪出了“四人帮”，他们更无所畏惧，敢抒心语，敢践心事啦 。

的确，周总理活在人民心中。

1978年2月28日:

同罗明到前门饭店，访曾当过总理警卫员的老红军战士，现饭店党委副书记刘九州。他正在负责五大代表的接待工作，从百忙中抽出时间接待我们。五十九岁的刘九州已鬓发披霜，但却精神矍铄。他边想边说，谈了许多总理的动人事迹：鼓励放牛娃学习，看到报纸上的锅巴碎米很高兴；启发小战士关心时事，西安事变“杀”蒋介石问题的回答引发笑；千方百计找机会送刘去学习，去苏未成，又送中央党校，并赠钢笔；坐在门槛上边晒太阳，边读书；胳膊负伤坚持学习，练出

周总理对青年的期望

——访曾在周总理身边工作过的老红军战士刘九洲同志

春，很早就赶来了。她悄悄地装扮着祖国的大地，用满园春色纪念敬爱的周总理八十诞辰。我们迎着和煦的春风，加快脚步，去访问曾在周总理身边工作过的老红军战士、前门饭店党委付书记刘九洲同志。

稍候片刻，办公室的门轻轻地被推开了，一位两鬓披霜、满面笑容的老同志走了进来，这就是刘九洲同志。他生在井冈山下，十来岁参加革命，跟着毛主席打土豪，分田地，爬雪山，过草地，十六岁到周总理身边当警卫员，驻延安，赴重庆，破险关，经硝雨，度过峥嵘岁月。今天，他虽已年近花甲，却仍精神矍铄，意气风发。老刘燃起香烟，深深地吸了一口，凝望着徐徐拉长的烟缕，打开了回忆之河的闸门：

“提起周总理关心青少年学习的事，他老人家经常对我说的那句话，就好象又在耳边响起：‘你是放牛的孩子，吃苦的孩子，过去没读过书，现在又在战争年代里，可要抓紧时间好好学习呀！’那阵子，他除了督促我识字、学文化外，还特别注重启发我学习时事政治，关心国家大事。我刚到总理身边工作不久，西安事变就发生了。事变的第二天早上，周总理刚见到我就问：‘你说，捉住了蒋介石，杀不杀呀？’我当时想，蒋介石叛变革命，残害人民，犯了那么大的罪，甭说杀，就是剁成肉酱也解不了恨，当然得杀了。可又一想，如此简单的问题，总理却问得那么认真，这里一定大有文章，我一时不知说什么好，就冒冒失失地答了句：‘不杀。’谁知周总理一听，更兴奋了，又接着问：‘为什么不杀呀？’这下，我可真急啦，心想，就是呀，蒋介石罪大恶极，不杀，又有什么理由呢？我也不知从哪钻出这么一句话：‘我们的毛主席有俘虏政策，交枪不杀嘛！’周总理和邓大姐一听这话，都哈哈大笑起来。当时，我满以为是自己答对了。等西安事变和平解决后，才真正弄懂了其中的深刻道理。现在想起来，还怪好笑的呢。”说到这儿，他掩抑不住内心的激情，爽朗地笑了。

老刘喝了口水，又讲起了周总理送他去党校学习的故事：从西安事变那次“考试”之后，小九洲深感自己水平太低，向总理提出了进党校学习的愿望。周总理听到小九洲想去党校学习，非常高兴，拍拍他的肩膀，笑着说：“要求学习，要求进步，很好，我支持你。”但是，当时由于工作需要，没能去成。

后来，小九洲跟随周总理到了重庆。周总理常对小九洲说：“现在工作忙，没机会进学校，平时的学习就更得抓紧呀。”一次，小九洲一边吃胡锅巴，一边读报，不小心把碎米渣掉在了报纸上。周总理看报时，一见沾在上面的米渣就明白了，连声称赞小九洲，鼓励他：“就应该这样挤时间学。”

随着形势的发展，小九洲越来越感到自己的水平适应不了工作的需要，再次提出了到中央党校学习的要求。一天，周总理告诉曾家岩办事处的全体工作人员说：“我本想把九洲长期留在身边，现在，看来是不行啦。九洲是个苦孩子，没文化，工作有困难，要求去学习，这很好。组织已经决定，明天就送他回延安去读书。”临别时，周总理把自己的一支钢笔送给了小九洲，并恋恋不舍地说：“拿去吧，用它好好学习，也是个纪念。”

老刘含着热泪说：“我一直把总理的钢笔珍藏在身上，把总理的叮嘱铭刻在心里，不管条件多苦，困难多大，坚持学习不松劲。当年在延安中央党校，我们一边开荒种地，一边看书学习。没有纸张，我们就到山上去剥桦树皮，甚至就用土地当纸，手指当笔。有时我们还在露天学习、吃饭，一刮风，饭碗里又是沙子又是土，可大伙还乐观地说：‘嘿，老天爷给我们往饭碗里放作料来啦！’就这样，我学到了不少革命道理和文化知识。直到现在，我每天还坚持看书学习呢。这都是周总理给我的力量啊。”

听着他那感人的话语，看着他那斑白的头发，我们不禁肃然起敬，同时，也忍不住脱口说出：“我们有些青年却觉得，前几年的宝贵时光被‘四人帮’糟蹋了，现在学也晚了。”

“什么？晚了？！”老刘锁起眉头，不解的神情带着几分激动，额上的皱纹显得格外深。他停顿了一会儿，接着说：“刚刚二十几岁的人，怎么能说就晚了呢？看看我们的周总理，几十年如一日，刻苦地学习和工作，从来不知疲倦。我第一次见到总理，是在冬天。他那时已是四十岁上下的人了，还坐在门坎上一边晒太阳一边看书呢。

“最使我终生难忘的，还是周总理胳膊被摔伤那一次。当时，他的伤很重，连骨头都露出来了，大家都劝他好好休息。可我们的总理却一刻也没有中断学习和工作，右手不能动，他就练着用左手批改文件。眼看总理疼得满头冒汗，我心里就象针扎似的难受。可是，任凭你怎么说，他还是不停地写呀，写。就这样，周总理不但没有因伤痛影响工作，还练出了双手写字的硬功夫……。”

他越讲越激动，站起身来，意味深长地说：“敬爱的周总理为我们作出了榜样，我们绝不能辜负他老人家的殷切期望，‘可要抓紧时间好好学习呀’！”

本报通讯员　罗　明

本报记者　刘霆昭

（本文正题由北京市和平门一中初二学生　肖可佳书写）

◇ 刘霆昭对刘九洲的专访刊登在 1978 年 3 月 12 日的《北京日报》上

两手开弓术；棉衣送给打柴人；自己吃剩饭，感化敌军官；崂山遇难……

他时而大笑，时而哽咽，情感真切，十分动人。

1979年1月3日:

接着到中山公园水榭看“天安门诗抄书法展览”，字里行间，深浸激情，含满千钧力，各具风采，令人赞叹不已。一〇九厂宋胜的四块大牌上，是“童怀周”录的两首诗及王立山自录的《扬眉剑出鞘》。赵朴初、于立群、李一氓、臧克家、李淑一、吴作人、李苦禅等名人出了展品。陈舒亮的字奔放秀美，李铎书写的“丰碑”浑雄有力。康雍小姐的字工整清丽，凌士欣的字形象生动（象形体）。“灰撒江河里，碑树人心中”，于人的字淡雅清新。有个农民打扮的青年在看展览，一会认真地看，一会认真地临。李纯博、张源、肖可佳等少年不占正式位，但字迹很成熟、有力，令人赞叹。要把字练好，这也是武器。

1979年1月8日:

转眼总理逝世已三周年了，三年来的变化真是翻天覆地。当时不可一世的“四人帮”早已成了历史垃圾，当时千疮百孔的中国正在迅速得到医治。当时忧心忡忡的人民现在英姿勃勃地向着光明的未来大步迈进。可惜的是，总理没能活到现在，没能亲眼看到这令人欢欣鼓舞的景象。我这个无神论者，也相信了灵魂的永生，我想总理对今天的一切已尽收眼底了。

据美术组的同志们说，今日天安门广场纪念碑周围又出现了许多花圈。碑座上方放着一张巨幅总理彩色照片。也有少量的诗文之类。冲纪念堂方向，贴出盖总理纪念馆的初步设计图，并挂了不少群众献的歌。

给《人民的悼念》画册编辑组及“童怀周”写信，索画册。回复几封咨询房屋政策的来信，压太久，就会受群众骂。

1979年1月9日:

到天安门，纪念碑周围果又有许多花圈。正北“朽”字下端安放着一幅周总理彩色巨像，下面有一块写着“伟人之巅”四字的横匾，浮雕上嵌着几个小花圈，石座上贴着一些诗词，不少人围着抄。正北碑座上贴着两张十元钱，左下端也挂着一张，并都附有小字报之类说明，大意都是为建周总理和陈毅、贺龙等老帅的纪念馆所捐。许多人涌上去看，有些幼稚的小孩发出惊叹。西北侧玉栏杆上放着一个醒目的大横匾，写着“放心吧，总理。”东北侧玉栏杆下侧贴着“童怀周”的怀念诗和近日出版的《天安门诗抄》《天安门诗文集》的封皮放大样。

没想到在纪念碑西北角花坛旁遇上了刚调出暗房不久的王师傅，他正以官方摄影师的身份在为排成长队的群众拍以纪念碑为背景的留念相。

广场上贴着将北海改为周总理公园的建议书。上面密密麻麻地签着不少读者的拥护意见。旁边有某校学生送来的花圈、总理像和写有“慈父”二字的方牌。

1979年1月10日:

下午一时，又到纪念碑下。此处花圈并未明显增多，诗文却又贴了不少，内容越过一般的颂扬，怀念总理和批判“四人帮”，又深一步：改革国家体制、法律及一系列腐败落后的带有浓厚封建专制气味的上层建筑，使国家真正实现繁荣昌盛，使人民真正获得幸福自由……

1979年1月26日:

同高、诸到人民大会堂参加团市委组织的文艺会。这座又加了一道铁围墙的人民大会堂，可真有好长时间不是真正归人民所有，由地位低下的老百姓在此嬉笑狂欢了。

……

走进会场，听邓大姐正在讲话：大会堂又回到了人民手中，愿大家随着年龄在各方面更快进步。

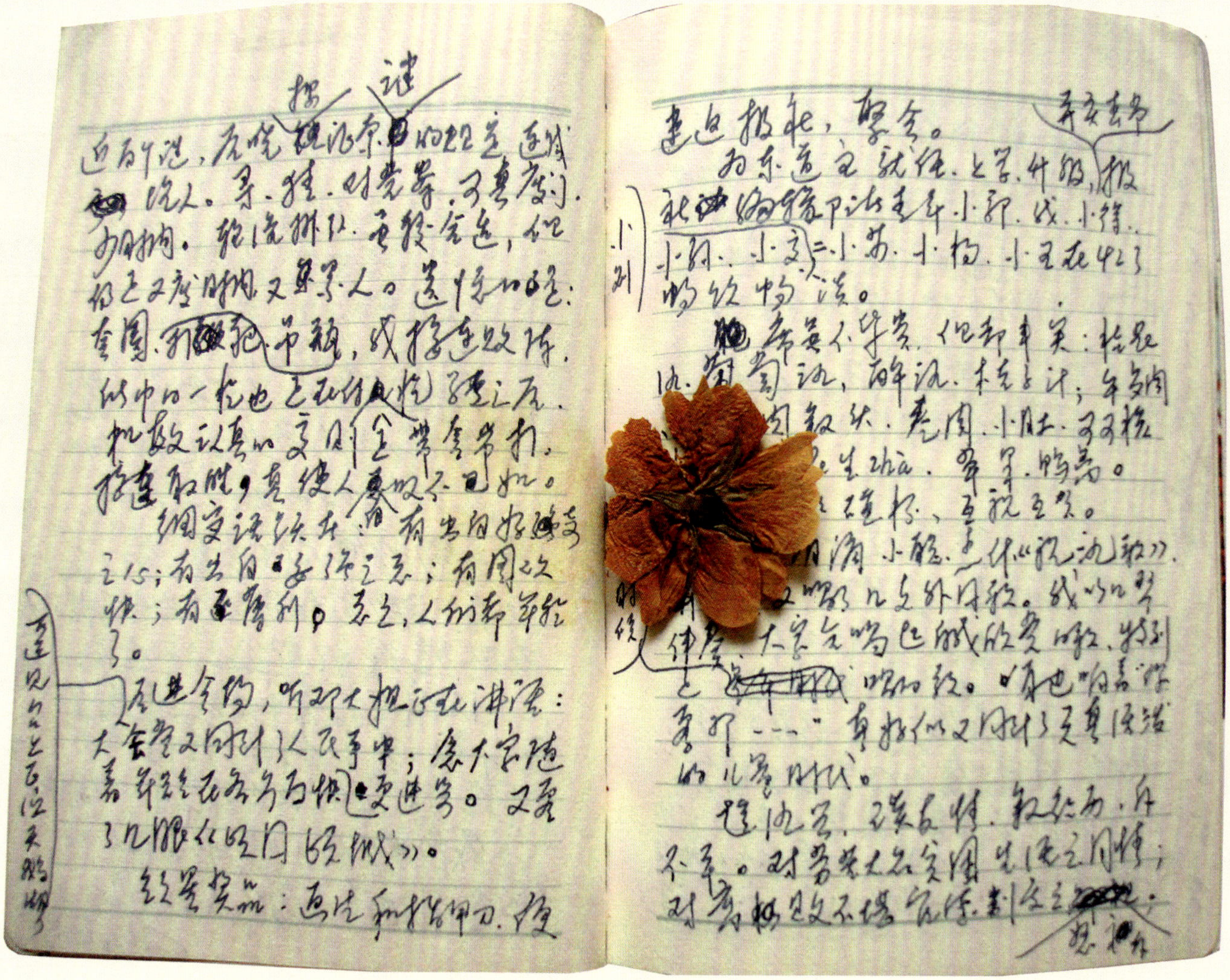

◇ 此次重翻这近四十年前的日记，才发现我当年在“四五”运动中悼念周总理时戴过的白花至今仍夹在记述人民大会堂纪念大会聆听邓颖超讲话这一页的日记中央，直至现在。如今，这朵白花已微微泛黄，并在日记本上留下淡黄色的花状印记，这是穿越四十年时空的历史印记，是我对敬爱的周总理永远的怀念

刘霆昭在周总理逝世纪念日及有关记述纪念周总理活动的日记手稿（1977 年 1 月 8 日前后）

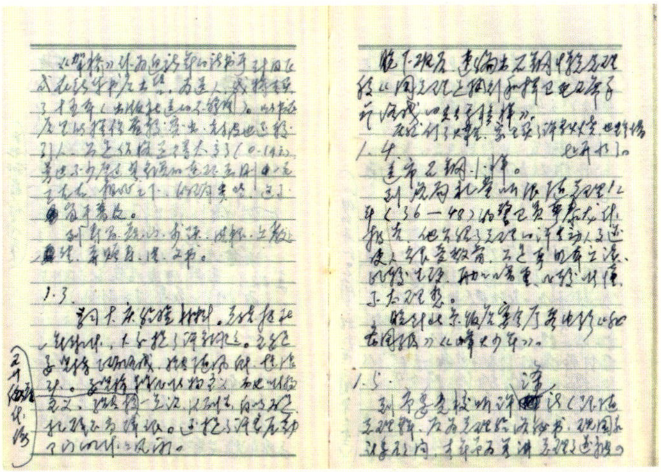

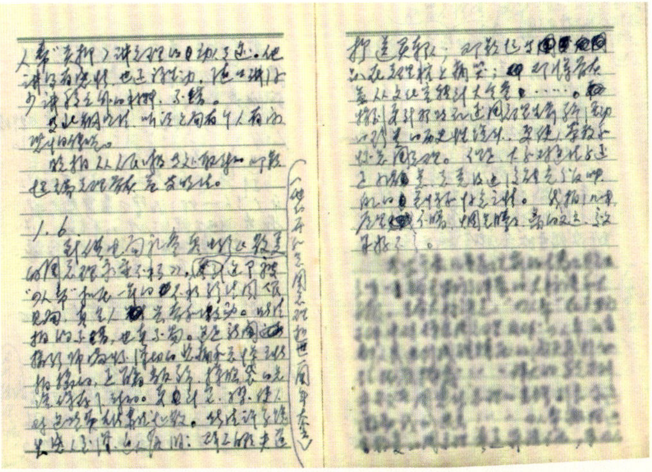

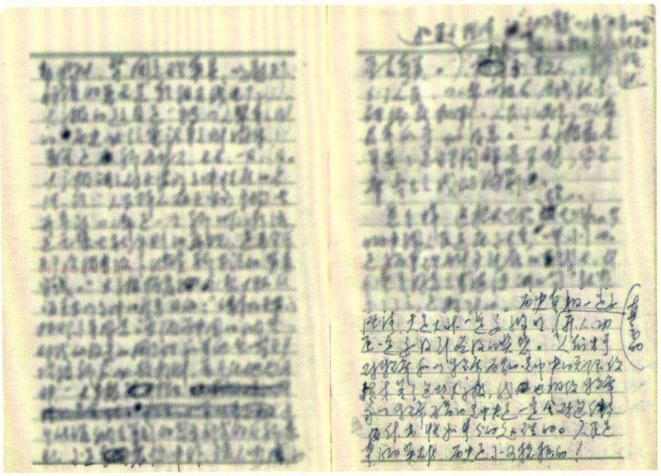

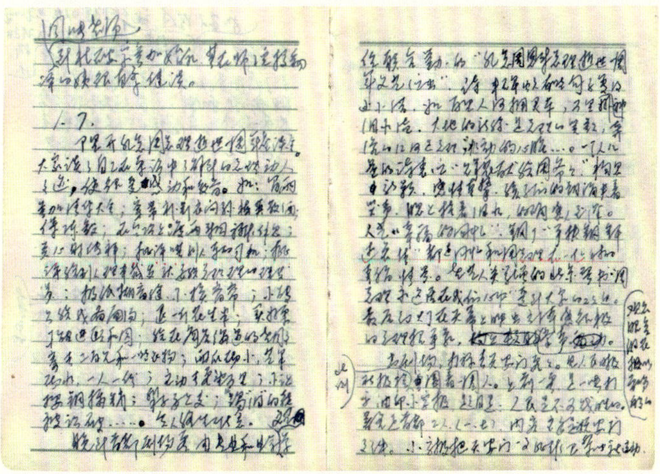

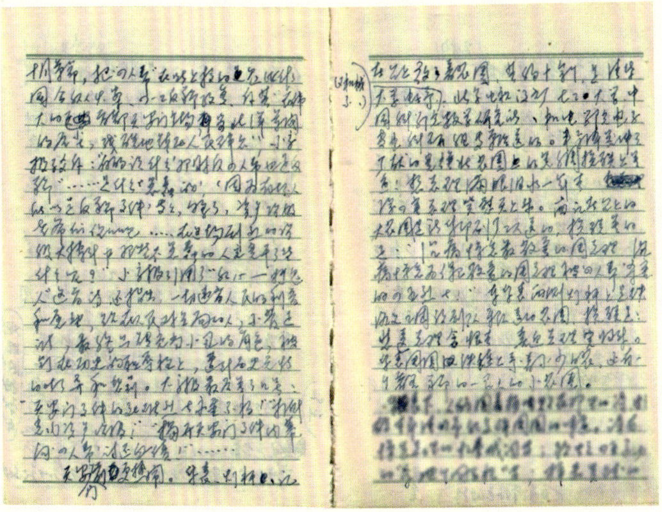

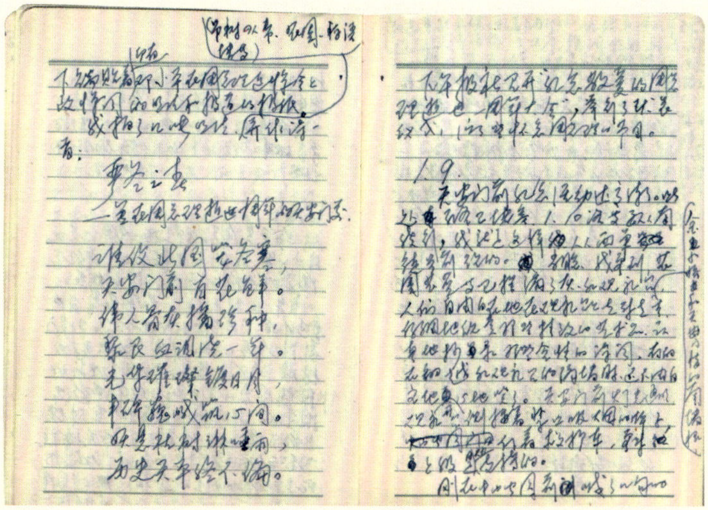

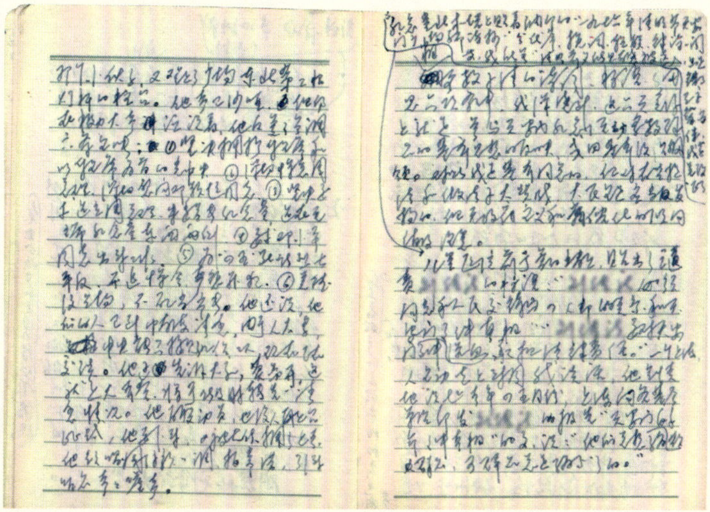

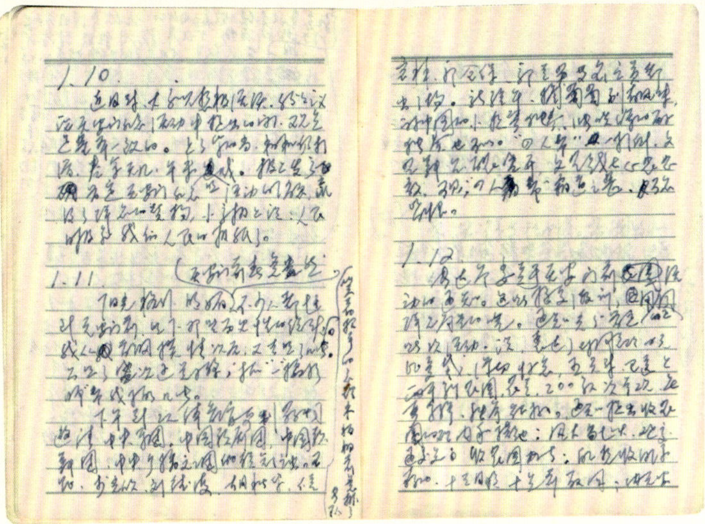

严冬之春

——写在周总理逝世一周年的天安门前

谁信北国笼冬寒，天安门前百花鲜。

伟人骨灰播珍种，黎民血泪浇一年。

光华璀璨镀日月，丰碑巍峨筑心间。

妖恳枯树淋唾雨，历史天平终不偏。

——摘自刘霆昭 1977 年 1 月 8 日的日记

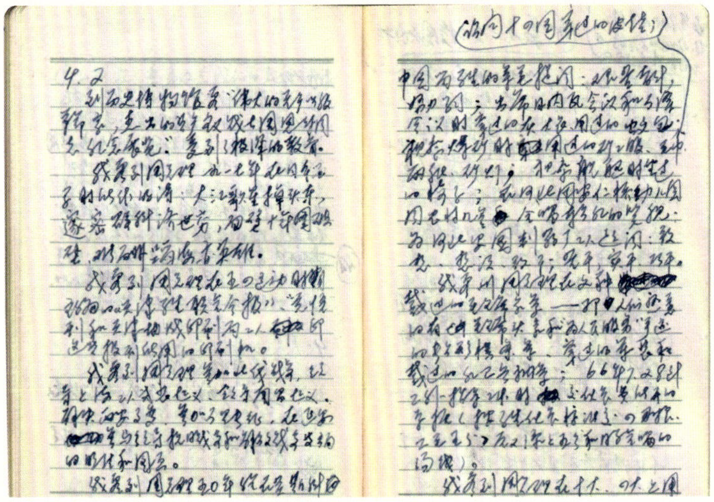

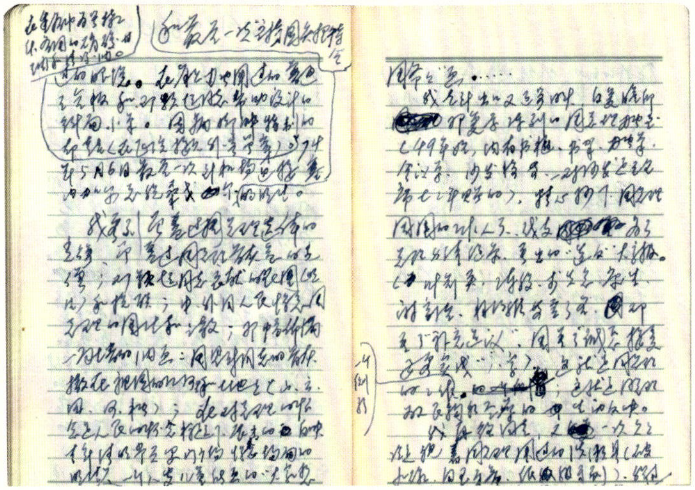

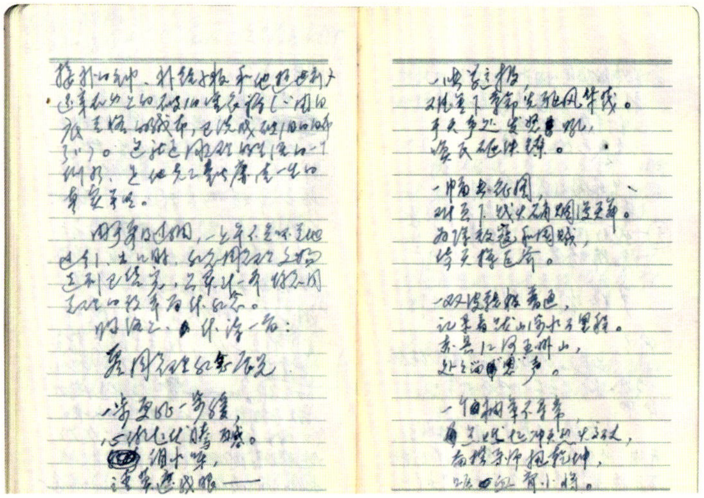

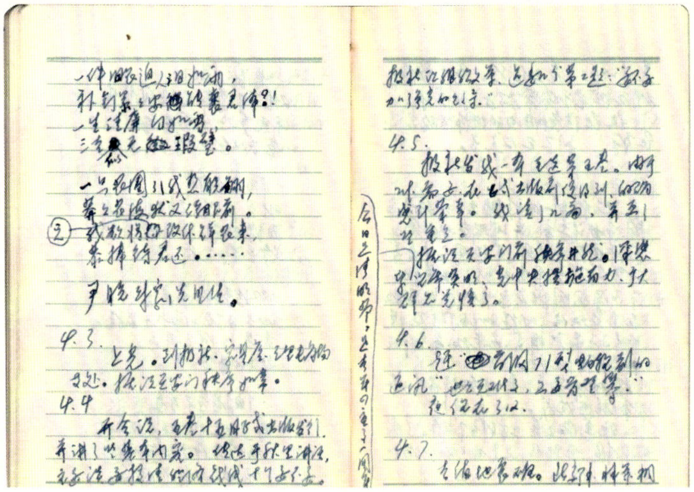

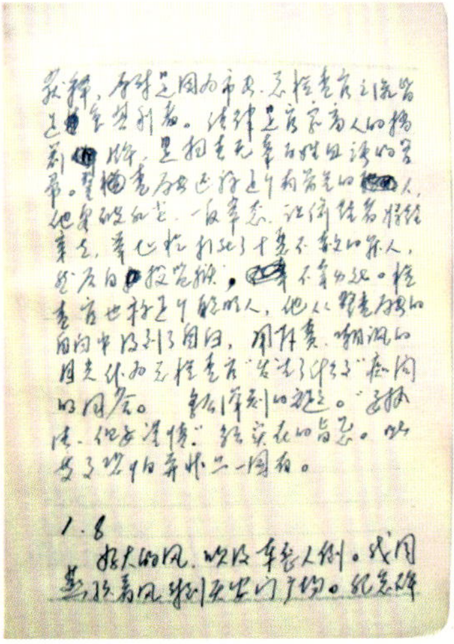

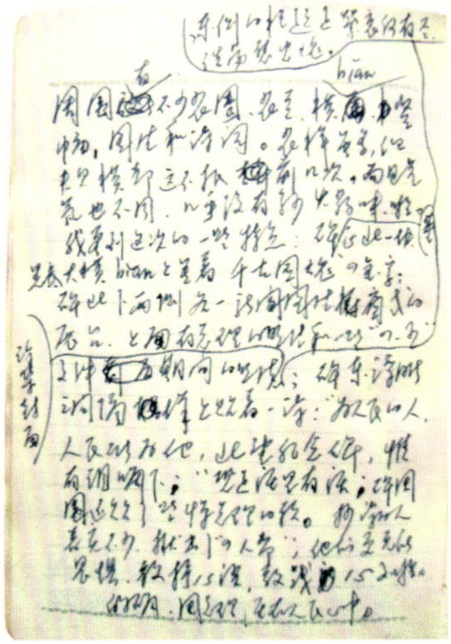

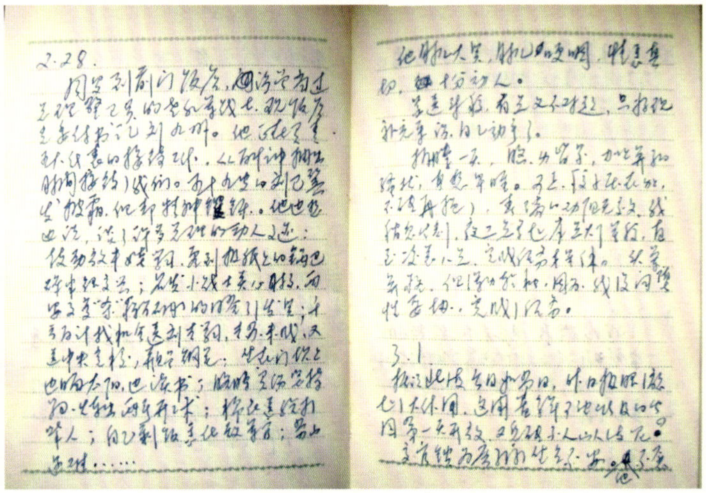

1979年1月3日－1月10日的日记手稿

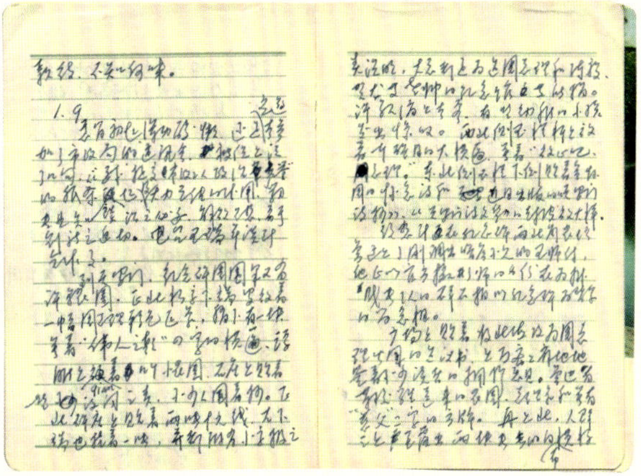
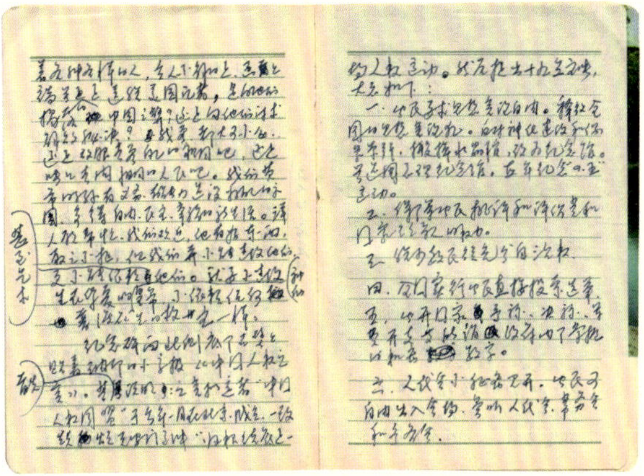
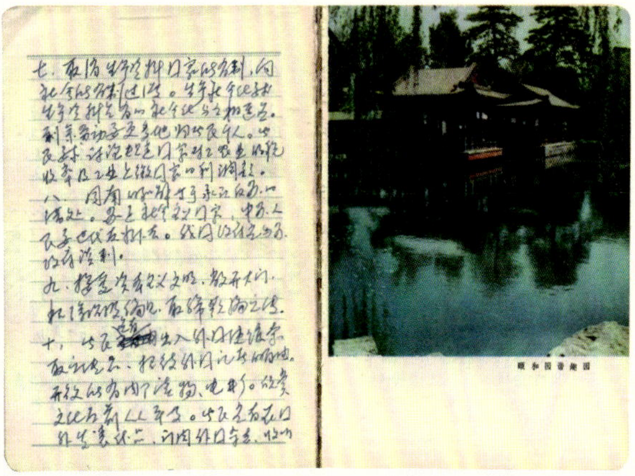
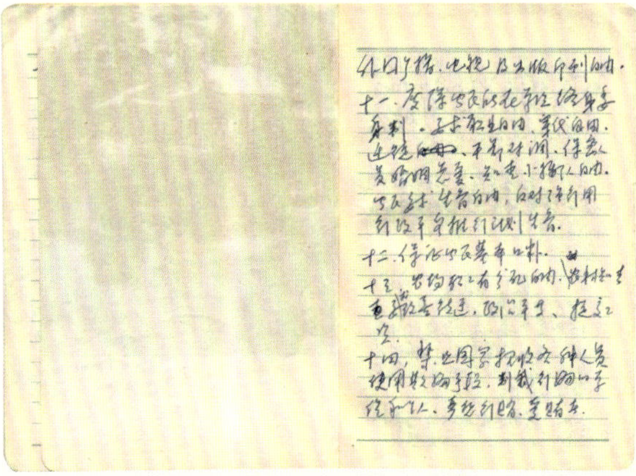
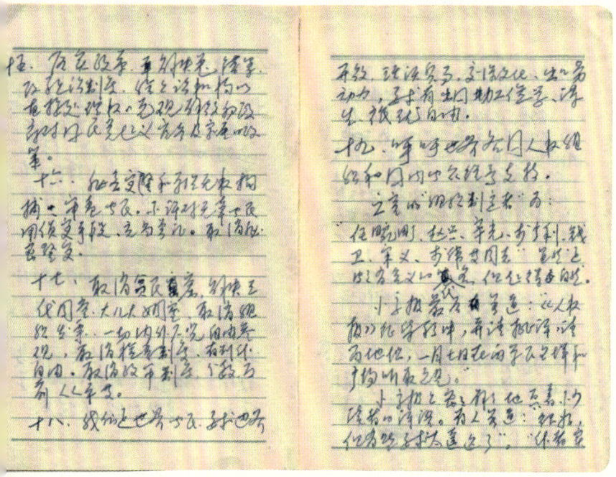
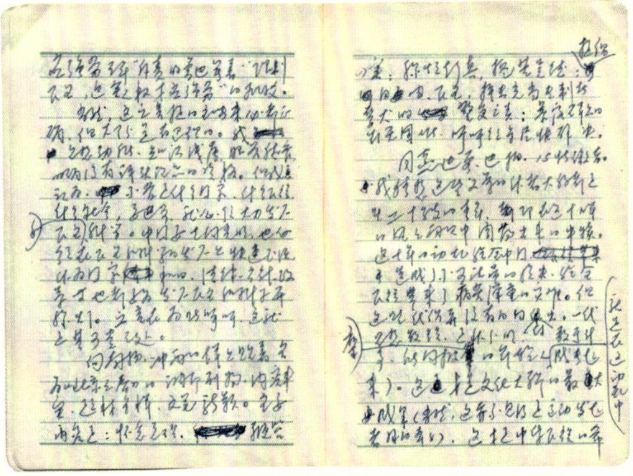
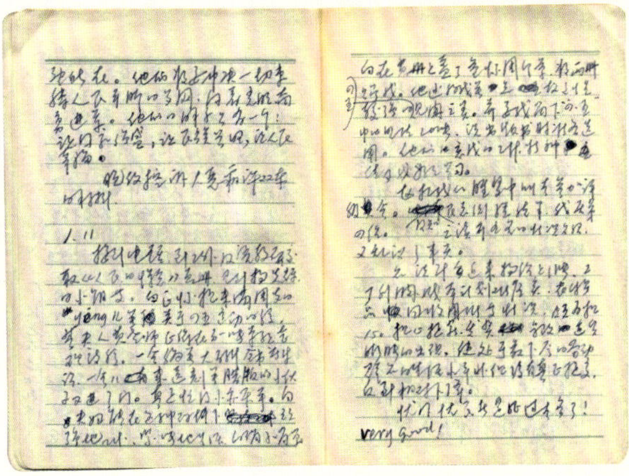

1979年1月26日的日记手稿（人民大会堂纪念会）

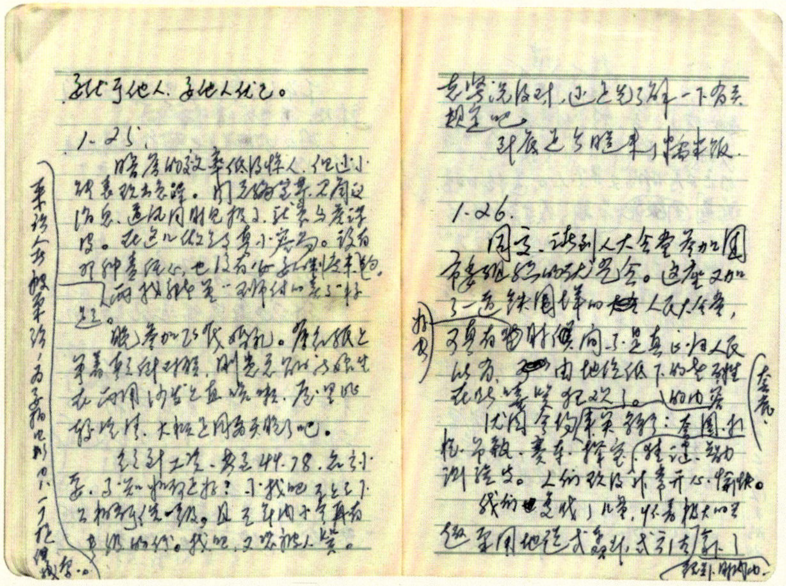

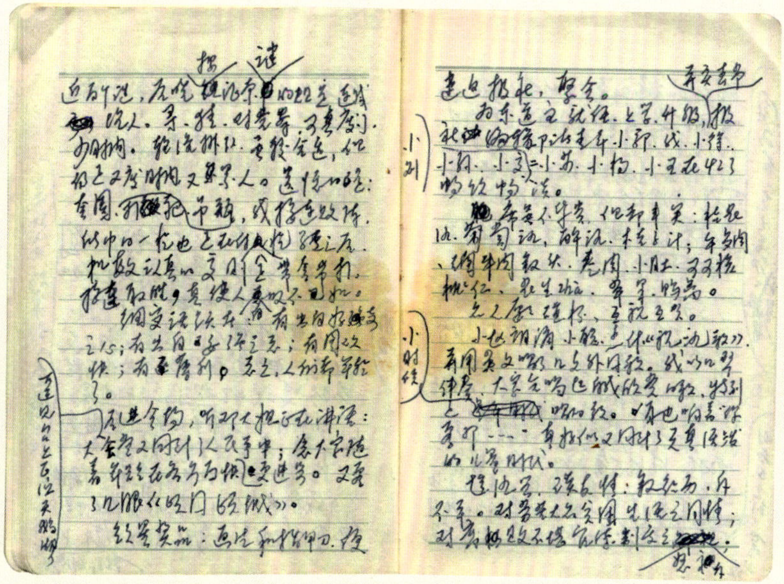

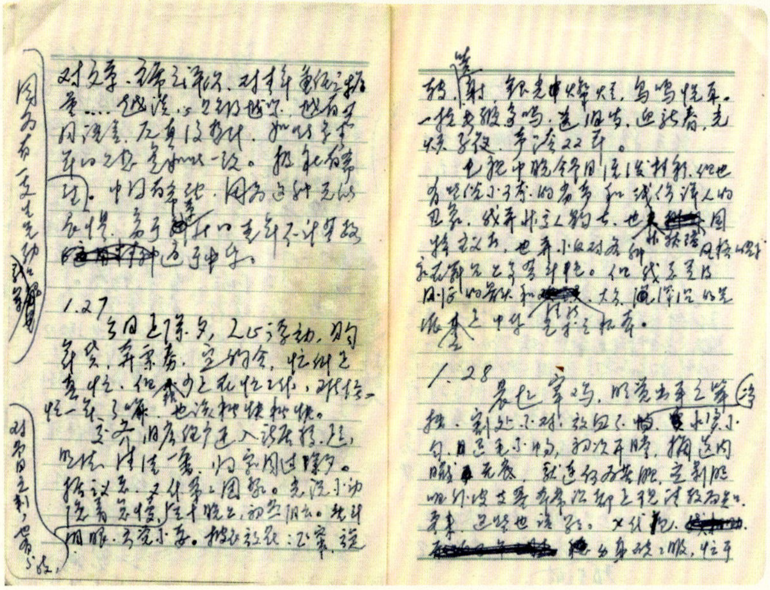

八、情系淮安思总理

我虽然是第一次来到淮安，却有一种莫名的亲切感。当我真的与淮安那城、那巷，那井、那墙，那树、那草，那院、那廊，那桌、那椅、那屋、那堂……零距离接触之时，才切实感受到与我们敬爱的周总理离得是何等的近，才切实感受到这一方水土带给一代伟人的特有基因。

我把记录着丙辰清明那段不平凡经历、深浸着我的青春热血的日记本、老照片、诗文手稿、照相器材捐献在这里，寄托对周总理的无限哀思，并留给后人作为了解、评说这段历史的参考。

可以说，这是它们最好的归宿。

淮安周恩来纪念馆馆长一行来访

◇ 刘霆昭向周恩来纪念馆陈明馆长、王旭馗副馆长等介绍四十年前“四五”运动往事

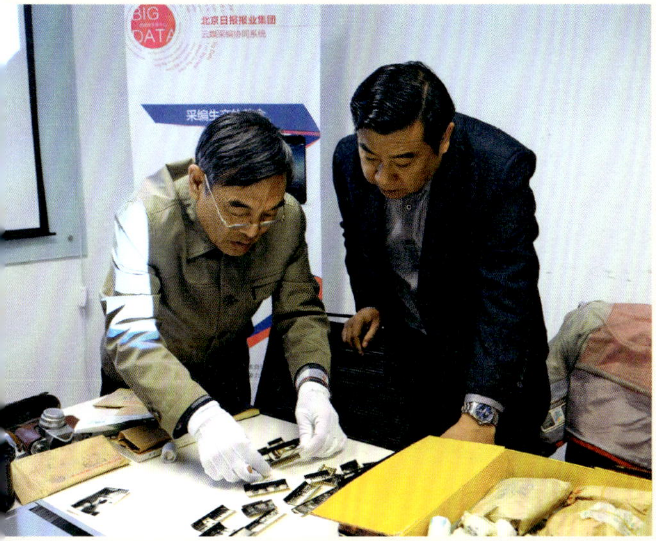

◇ 2015年冬，周恩来纪念馆陈明馆长一行专程从淮安到北京日报社查阅刘霆昭珍藏的丙辰清明悼念周总理的照片、日记等史料，并合影留念

本组照片由张冬柏拍摄

到淮安周恩来纪念馆捐赠照片、日记、照相器材等文物资料

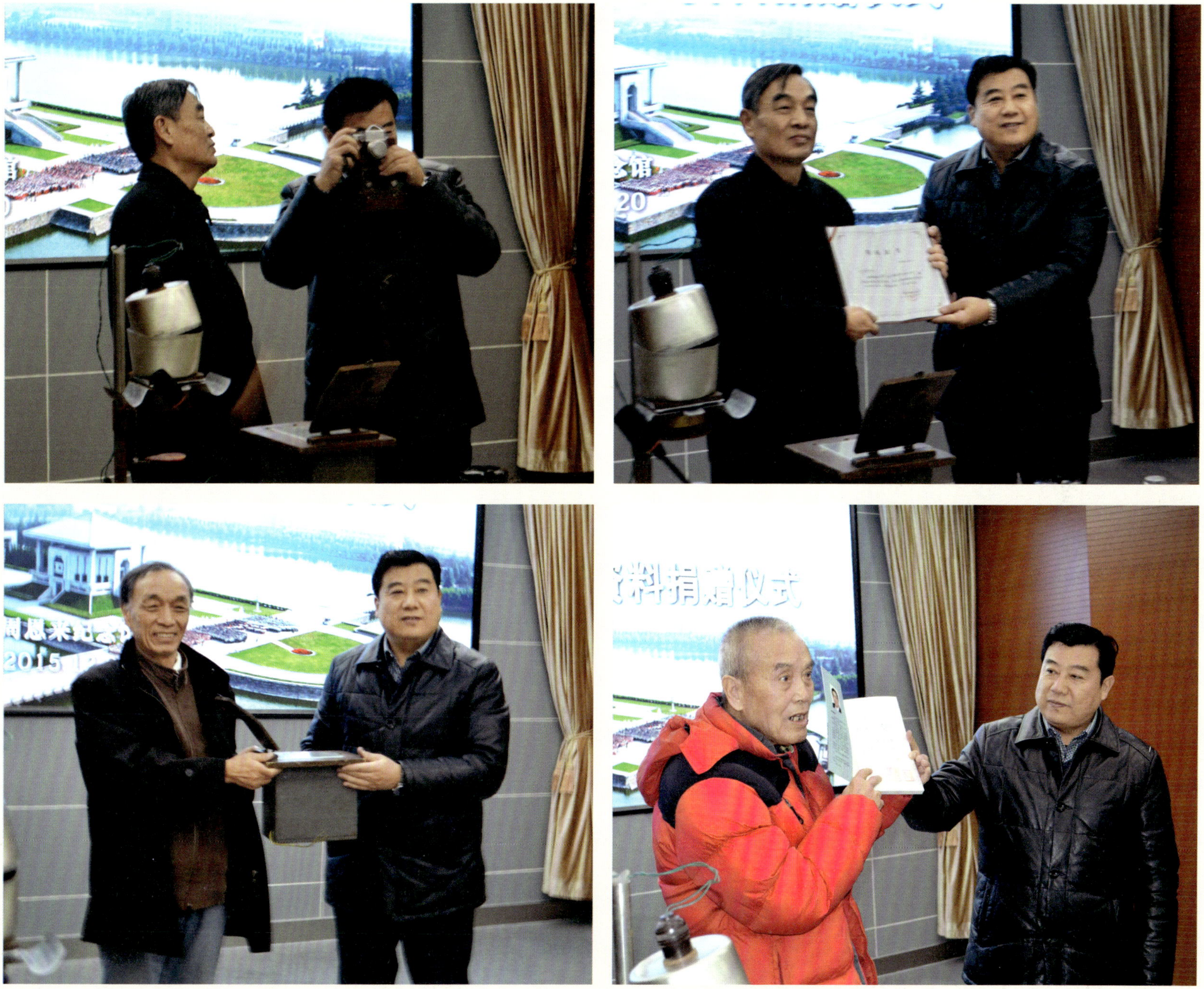

◇ 周恩来纪念馆陈明馆长在现场接收刘霆昭、刘庭华和白晓朗的赠品

◇ 刘霆昭、刘庭华在现场介绍捐赠物品

本组照片由周恩来纪念馆提供

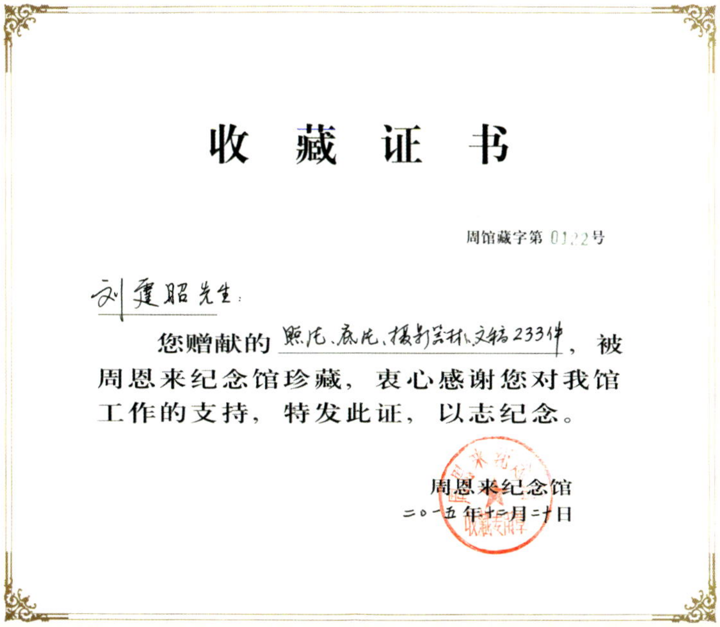

收藏证书

周馆藏字第 0122 号

刘霆昭先生：

您赠献的照片、底片、摄影器材、文稿233件，被周恩来纪念馆珍藏，衷心感谢您对我馆工作的支持，特发此证，以志纪念。

周恩来纪念馆
二〇一五年十二月二十日

刘霆昭先生捐赠周恩来纪念馆
文物资料清单

一、印相箱 1 件（与刘庭华共同捐赠）

二、显影盘 1 件、带盖显影罐 1 件、显影夹 1 件

三、135 原片照片 104 张

四、4 吋及 5 吋照片 7 张、3 吋照片 20 张

五、全国影展办公室来稿来信登记处理表 1 张

六、摄影作品评选登记表 7 张（含 4 吋照片 7 张，底片 3 张）

七、135 胶片一卷 28 幅

八、文稿 12 篇 53 页：

1、誊写稿:《老书记的态度》（或“挺身而出”）、《黑云压城志不摧》、《不寻常的花圈》、《夜战》

2、草稿：《老书记的态度》（或“挺身而出”）、《突围》、《夜战》一稿、《夜战》二稿、《不寻常的花圈》

3、给“战地“征文组的信、1976 年 1 月 9 日日记手抄稿、四五运动一个参加者的日记（摘录）清样

共 233 件

周恩来纪念馆

2015 年 12 月 20 日

◇ 刘霆昭捐赠物品的证书和清单

刘霆昭在捐赠仪式上的发言

感谢陈馆长的热情致辞，感谢纪念馆领导和朋友们精心组织今天的捐赠仪式，也感谢各位嘉宾和媒体朋友莅临指导！

再过20天，周总理离开我们就整整40年了。在今天这个特殊的日子里，在周总理的家乡，我和我的哥哥刘庭华怀着对周总理的无限怀念之情，将珍藏40年的照片、文稿、照相器材等文物捐赠给周恩来纪念馆，以寄托我们对周总理的哀思，也为淮安、为后人留下这段不应忘却的历史印记。

将这些情系周总理的物品留在淮安，对这些文物而言，是它们的最好归宿；对我们兄弟俩而言，是对周总理的永久怀念。

纵观古今中外，历史伟人、英雄豪杰不胜枚举。但是在我的心目中，最完美、最可敬、最值得我们世世代代深切怀念的伟人，就是淮安这方水土养育的周恩来总理。

正是出于这种发自内心的对周总理的崇敬和爱戴，40年前的丙辰清明节，年仅24岁的我，冒着被关押坐牢的风险，在天安门广场拍摄了150多幅各界群众悼念周总理的照片，并在人民英雄纪念碑下写下并贴出悼念周总理、怒斥“四人帮”的七律诗，后被广为传抄；正是出于这种发自内心的对周总理的崇敬和爱戴，在那黑云压城城欲摧的时候，我连续夜战，在家中完成五个胶卷的冲洗、印样片及放大任务，并巧妙封藏，直至两年后重见天日，被《人民日报》《北京日报》等媒体及《人民的悼念》大型画册刊发，还参加了以怀念周总理为主题的全国影展，并被中央新闻电影制片厂拍摄的纪录片《扬眉剑出鞘》选用 。

正是出于这种发自内心的对周总理的崇敬和爱戴，我当时写下《碑下写诗》《挺身而出》《突围》《夜战》《不寻常的花圈》等多篇悼念和颂扬周总理的诗文，被收入《天安门诗抄》《丙辰清明见闻录》《丙辰清明纪事》等书籍。

也正是出于这种发自内心的对周总理的崇敬和爱戴，我自1976年1月9日起，连续4年在周总理的逝世纪念日写下饱含对周总理怀念之情的日记，还包括许多涉及纪念周总理活动的记述，详细记载了当时的所见所闻所思所感 。其中有：1977年1月5日，听周总理原秘书许涤新介绍周总理事迹的报告；1977年1月6日，出席被“四人帮”扣押一年的不朽影片《敬爱的周总理永垂不朽》首映式；1977年1月7日，北京日报社纪念周总理逝世一周年，追忆采访周总理往事座谈会；同日，在首都剧场观看“纪念周总理逝世一周年文艺演出”；1977年1月8日，观看北京日报社纪念周总理图片展及天安门广场悼念场景；1977年4月2日，到历史博物馆（今中国国家博物馆）看“伟大的无产阶级革命家、杰出的共产主义战士周恩来同志纪念展览”；1978年2月28日，到前门饭店采访周总理原警卫员刘九洲；1979年1月1日，到中山公园看“天安门诗抄书法展览”；1979年1月7日，到中国美术馆看“总理爱人民，人民爱总理”展览；1979年1月26日，到人民大会堂参加纪念周总理逝世3周年，欢庆人民胜利大会，亲耳聆听邓颖超讲话；1979年4月4日，到民族文化宫参加中国文联、中国摄影家协会召开的“四五”运动优秀照片授奖大会及纪录片《扬眉剑出鞘》首映式。

今天，我们将珍藏40年的上述文献和物品捐赠周恩来纪念馆，其中包括：当时洗印135原片及放大的3寸、4寸、5寸照片共计131张，底片31张，当时洗印这些照片使用的显影罐、印相箱、放大机、显影盘、显影夹，参加全国影展的登记表8张，文稿12篇共计53页，还有给《人民日报》“战地”征文组的信、1976年1月9日日记手抄稿及《北京日报》发排的《“四五”运动一位参加者的日记》清样。

此外，我还把从1976年至1979年写有怀念周恩来总理内容的3个日记本，以及在天安门广场拍摄悼念周总理场景使用过的俄国产泽尼特牌单反照相机，提供给馆方暂代保管，并为开办悼念周总理展览等活动之用。

在此，有两点需要补充说明：一是，上面提到的放大机，是当年我哥哥刘庭华、嫂子赵连荣亲手制作的。他们同意一并捐赠，表达一片心意。

二是在上述文稿、日记中，除记述丙辰清明悼念周总理的情景外，还包括粉碎“四人帮”及“天安门事件”平反后的内容。周总理逝世时的处境，特别是曾遭“四人帮”迫害的事实人所共知。作为这段历史的亲历者，我认为，直到“四人帮”被粉碎、“天安门事件”被平反之后，我们敬爱的周总理才真正得以瞑目，才真正得以含笑九泉。作为周总理的纪念馆，有了这部分史料，才算得上完整，才能使周总理的在天之灵心安。

我有幸三次亲眼见到周总理，他老人家的音容笑貌犹在眼前。我常常想，为什么周总理能够得到广大人民的崇敬、爱戴和永久怀念？答案是八个字：“廉洁奉公，一心为民。”我记得有句口号广为流传，叫作：“人民的总理人民爱，人民的总理爱人民。”淮安的同志对我说：应该是“人民的总理爱人民，人民的总理人民爱”，这个次序不能颠倒。我认同淮安同志的这个说法。周总理之所以得到人民深深的爱，是因为他深深地爱着人民。是否真心热爱人民，是判断真善美和假恶丑的试金石！那些骑在人民头上作威作福，那些吮吸百姓膏血中饱私囊的贪官污吏，终究会被人民唾弃，钉在历史的耻辱柱上。

随着当前反腐斗争不断深入，我们更加感受到周总理“廉洁奉公，一心为民”精神的可贵。我们今天悼念周总理，追思他的丰功伟绩，高风亮节，不仅具有深远的历史意义，也有重要的现实意义。

最后，我还是要再说几句感谢的话：

感谢张局长、陈馆长、王馆长等领导为我们提供向周总理表达怀念之情，向周恩来纪念馆敬尽绵薄之力的机会。

感谢张望、汤永巍、任思远等馆方工作人员为收集、整理这批文物、筹备此次活动付出的辛劳。

感谢牛艺女士牵线搭桥，采写访谈，为促成此次捐赠做出的不懈努力。

我特别要感谢周秉德先生和白晓朗老师亲赴北京日报社观看拟捐物品，给予鼓励指导。白晓朗老师还从西安远道赶来，参加今天的捐赠仪式。

谢谢大家！

2015年12月20日于淮安

◇ 刘霆昭捐赠文物展示专柜

作者所捐文物在周恩来纪念馆“情归厅”举办的纪念周总理逝世 40 周年特展中设专柜展出

1976年4月4日，《北京日报》记者刘霆昭在天安门广场拍摄群众悼念周恩来的照片，冲洗后冒险保存下来。这是照片、底片、摄影器材和当年的日记。
On April 4th, 1976, Liu Tingzhao, journalist with Beijing Daily took photos of people mourning for Zhou Enlai on Tian'anmen Square. He developed the photos and kept them at the risk of being arrested. These are the photos, the films, and the photographic equipment used at that time, including the camera, developing tank and developing tray.

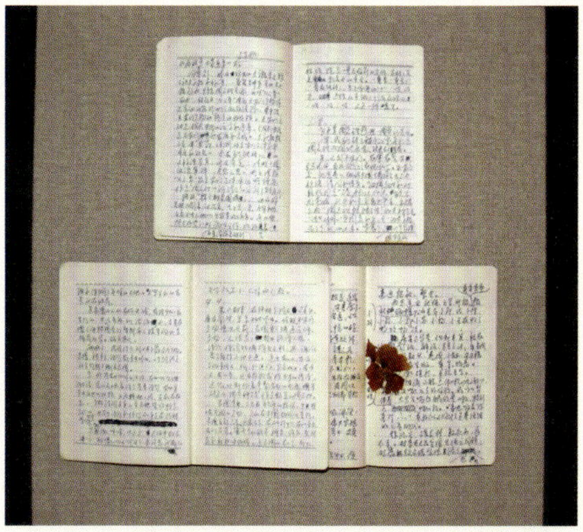

1976年4月4日，《北京日报》记者刘霆昭在天安门广场拍摄群众悼念周恩来的照片，冲洗后冒险保存下来。这是照片、底片、摄影器材和当年的日记。

第三部分
魂归大地
风范永存
Part III. Dust to Dust

本组照片由周恩来纪念馆提供

◇ 周恩来纪念馆里的总理雕像及部分展陈（刘霆昭摄）

◇ 周恩来纪念馆外景

客厅

卧室

◇ 周恩来纪念馆里的中南海西花厅（仿建）

本页照片主要由周恩来纪念馆提供

◇ ①② 陈馆长与刘霆昭、刘庭华、白晓朗等在周恩来纪念馆门前合影

◇ ③ 淮安街头一瞥

本页照片主要由周恩来纪念馆提供

九、秉德先生的鼓励

她迎着深冬的寒风，冒着深度的雾霾，专程来到北京日报社，细心翻阅我在“四五”运动中拍摄的一幅幅照片、写下的一篇篇日记和诗文 。她时而询问细节，时而用手机拍照，连声说：“太难得了，太珍贵了！”

在我们向淮安周恩来纪念馆捐赠文物现场，她特意从北京打来电话：“感谢刘霆昭同志将珍贵照片、日记等文物捐赠周恩来纪念馆，祝贺捐赠仪式圆满成功！”

她还亲自邀请我参加 2016 年 1 月 7 日在天津周恩来邓颖超纪念馆、2016 年 1 月 8 日在北京毛主席纪念堂举办的纪念周总理逝世 40 周年追思会和 2016 年 2 月 17 日在人民大会堂举办的纪念周总理逝世 40 周年情景音乐会，并指定我在京津追思会上发言。

她就是周总理的亲侄女、原全国政协委员周秉德先生。她从小在周总理身边长大，深受周总理耳濡目染，虽已年逾八旬，仍在为传播周总理的丰功伟绩和高贵品格辛苦奔波。每次和她接触，我都不知不觉地被她那火一般炽烈的热情所感染，她身上肩负着某种时不我待、舍我其谁的使命感，这种使命感也深深地打动了我。

周秉德先生专程来北京日报社观看刘霆昭珍藏 40 年的史料

全面！ 及时！
采编生产的革命

及时！ 精准！

全面！

DATA
北京日报报业集团
云媒采编协同系统

↓周秉德先生为本纪念画册题写书名

本单元图片由张冬柏、刘霆昭拍摄

十、总理逝世 40 年祭

2016 年 1 月 8 日，是我们敬爱的周总理逝世 40 周年纪念日。

2015 年 12 月 20 日，我专程来到位于淮安的周恩来纪念馆，将我珍藏 40 年记录着丙辰清明史实的日记本、老照片、诗文手稿及照相器材捐献于此。纪念馆为我捐赠的这些文物特设了展柜，在为纪念周总理逝世 40 周年专建的“情归厅”展出。

2016 年 1 月 7 日，我赶赴天津，应邀参加周恩来邓颖超纪念馆举办的纪念周总理逝世 40 周年座谈会，讲述了我 1976 年在天安门广场的那段不平凡的经历。

2016 年 1 月 8 日，我在毛主席纪念堂举办的纪念周总理逝世 40 周年追思会上，朗诵了自己 1976 年 1 月 9 日写的《如梦令 · 哀悼敬爱的周总理 》、4 月 4 日写的《七律 · 清明前夕所见有感》、10 月 11 日写的《渔家傲 · 祝捷》，表达对周总理的哀思之情。

2016 年 2 月 17 日，我来到人民大会堂，参加缅怀周总理的情景音乐会，亲耳聆听曾承蒙周总理细心呵护和培养的老艺术家们动情地唱起当年周总理最喜欢的歌……

在天津周恩来邓颖超纪念馆

①

②

③

④

⑤

◇ ① 2016 年 1 月 7 日纪念周总理逝世 40 周年座谈会在位于天津的周恩来邓颖超纪念馆举行

◇ ② 周秉德在座谈会上讲话

◇ ③④ 周总理生前工作人员和周总理思想研究会的代表出席座谈会

◇ ⑤ 作者与曾受到周总理精心培养、呵护的知青模范邢燕子、侯隽在会后合影

◇ 刘霆昭在座谈会上发言。前排右一为周恩来邓颖超纪念馆馆长王起宝

感谢周秉德先生，感谢纪念馆领导，邀请我参加今天的座谈会。

周总理离开我们整整40年了。我有幸三次亲眼见到周总理，他老人家的音容笑貌犹在眼前。

纵观古今中外，历史伟人、英雄豪杰不胜枚举。但是在我的心目中，最完美、最可敬、最值得我们世世代代深切怀念的伟人，就是我们敬爱的周恩来总理。

正是出于这种发自内心的对周总理的崇敬和爱戴，40年前的丙辰清明节，年仅24岁的我，冒着被关押坐牢的风险，在天安门广场拍摄了150多幅各界群众悼念周总理的照片，并在人民英雄纪念碑下写下并贴出悼念周总理、怒斥“四人帮”的七律诗，后被广为传抄。

正是出于这种发自内心的对周总理的崇敬和爱戴，在那黑云压城城欲摧的时候，我连续夜战，在家中完成五个胶卷的冲洗、印样片及放大任务，并巧妙封藏，直至两年后重见天日，被《人民日报》《北京日报》等媒体及《人民的悼念》大型画册刊发，还参加了以怀念周总理为主题的全国影展，并被中央新闻电影制片厂拍摄的纪录片《扬眉剑出鞘》选用 。

正是出于这种发自内心的对周总理的崇敬和爱戴，我当时写下《碑下写诗》《挺身而出》《突围》《夜战》《不寻常的花圈》等多篇悼念和颂扬周总理的诗文，被收入《天安门诗抄》《丙辰清明见闻录》《丙辰清明纪事》等书籍。

也正是出于这种发自内心的对周总理的崇敬和爱戴，我自1976年1月9日起，连续4年在周总理的逝世纪念日写下饱含对周总理怀念之情的日记，还包括许多涉及纪念周总理活动的记述，详细记载了当时的所见所闻所思所感 。其中有：听周总理原秘书许涤新介绍周总理事迹的报告；出席被“四人帮”扣押一年的不朽影片《敬爱的周总理永垂不朽》首映式；出席首都记者追忆采访周总理往事座谈会；在首都剧场观看“纪念周总理

逝世一周年文艺演出”；到历史博物馆（今中国国家博物馆）看“伟大的无产阶级革命家、杰出的共产主义战士周恩来同志纪念展览”；采访周总理原警卫员刘九洲、到中山公园看“天安门诗抄书法展览”；到中国美术馆看“总理爱人民，人民爱总理”展览；到民族文化宫参加中国文联、中国摄影家协会召开的“四五”运动优秀照片授奖大会及纪录片《扬眉剑出鞘》首映式；到人民大会堂参加纪念周总理逝世 3 周年，欢庆人民胜利大会，亲耳聆听邓颖超讲话（并将当时佩戴的小白花夹在那天的日记中直至今日）。

我常常想，为什么周总理能够得到广大人民的崇敬、爱戴和永久怀念？答案是八个字：“廉洁奉公，一心为民。”周总理之所以得到人民深深的爱，是因为他深深地爱着人民。是否真心热爱人民，是判断真善美和假恶丑的试金石！那些骑在人民头上作威作福，那些吮吸百姓膏血中饱私囊的贪官污吏，终究会被人民唾弃，钉在历史的耻辱柱上。

随着当前反腐斗争不断深入，我们更加感受到周总理“廉洁奉公，一心为民”精神的可贵。我们今天悼念周总理，追思他的丰功伟绩，高风亮节，不仅具有深远的历史意义，也具有重要的现实意义。

谢谢大家！

2016 年 1 月 7 日

在北京参加纪念周总理逝世 40 周年追思会

◇ 2016 年 1 月 8 日，周恩来思想生平研究会在毛主席纪念堂举办的纪念周总理逝世 40 周年追思会现场

刘霆昭在北京追思会上的发言

我手里拿的这本日记是我1976年含着泪水写的。今天，我在这里朗诵40年前在这个小本子上写下的三首诗词，以表达对周总理的深切怀念之情。

第一首是惊悉周总理逝世噩耗，眼含悲伤的泪，写下的“如梦令”；第二首是目睹丙辰清明天安门广场花圈如海，剑指“四人帮”倒行逆施，眼含悲愤的泪，写下的“七律”；第三首是喜闻“四人帮”被一举拿下，眼含激动的泪，写下的“渔家傲”。

如梦令·哀悼敬爱的周总理

1976年1月9日

一

雷轰地裂山崩，高天忽陨巨星。
强挑潮睫望，环球尽笼悲云。
悲云，悲云，化作泪雨倾盆。

二

为党为国为民，呕心沥血献身。
英灵永不灭，唤我热血激奔。
激奔，激奔，泼赤万里乾坤。

七律·清明前夕所见有感

1976年4月2日写于人民英雄纪念碑下

清明伟碑耸花丛，千枝万朵诉衷情，
秽蝇休沾英雄面，忠魂永存亿众心。
丘恨泰山何足怪，蒿咒青柏自凋零，
古来月神无人扮，阴晴圆缺孰不明？！

渔家傲·祝捷

1976年10月11日

一阵秋风送捷报，心涛难抑仰天笑。
妖噫赛似登基号，何曾料：皇冠本是肥皂泡。

八亿明眸孰能罩？！毒蛇艳鬼逃不掉。
百川东流冲势浩，雷霆告：中华永踏康庄道！

这首“渔家傲”我是特意向周总理报捷的。周总理离我们远去之时是何心境？不言而喻。送去这份捷报，他老人家终于可以安心瞑目，含笑九泉啦！

2016年1月8日

北京电视台记者为刘霆昭拍摄专题片

◇ ① 北京电视台记者到北京日报社拍摄史料

◇ ② 刘霆昭在北京电视台接受专访

◇ ③ 刘霆昭与北京电视台记者马青在拍摄现场

①

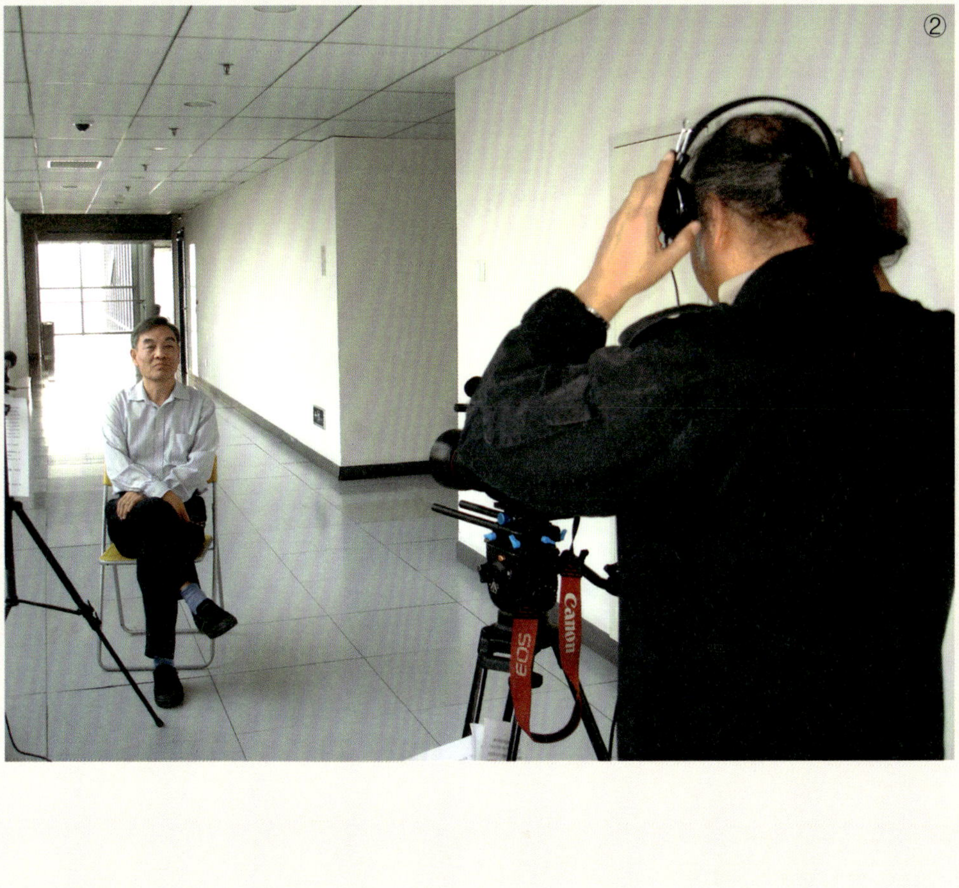

②

③

北京档案馆特约征集员的访谈记

亲历：周恩来总理逝世及“四五”事件
——访刘霆昭先生

时　间：2015 年 7 月 7 日上午

访谈者：北京档案馆“名人库”特约征集员　牛艺

一堆近四十年前的故纸，静候在洁白无瑕的单子上。我眼前的这些即将为我讲述那段历史的故纸，使我的心情一下子变得异常沉重，空气仿佛也被凝固了。由于年代相隔久远，其上的字迹已然变淡，但却依然的清晰，丝毫没有影响到我们今日的阅读。在我眼中，这堆故纸在表象上已经有些老化，似乎是变薄了，但在我心中，却感到它们如此的“沉重”！近四十年了，我眼前的这位记录下那段事件的亲历者，已从一个意气风发的青年步入了花甲之年，但是，他的目光却依然是灼灼而坚毅。

在本次访谈中，刘先生向我逐一讲述与展示了此次事件中他本人的相关日记原件；北京日报社领导签发的拟公开见报的他的部分日记报纸样稿；全国影展作品登记表及入选的部分照片和说明文字等；当时出版的悼念周总理的诗集、文集及收入其中的他写的诗文。他说：“其中的一首七律诗是他在现场有感而发，写后贴在纪念碑上被广泛传抄，之后收入诗集的。”

刘先生又在我面前打开了一个个当年被他卷成卷儿的黑白照片底片，他说：这些底片与他自己洗印的丙辰清明在天安门广场拍摄的照片小样片，当时为防止“四人帮”之流的追查，曾一起被保藏在他家中的烟道内，“四五”运动平反后才得以重见天日。可贵与惊喜的是，多数资料互为佐证构成了较为完整的信息链。

在我的眼中，这一卷卷儿黑白照片的底片，就是炮弹！刘先生同当年的革命青年与我们广大的民众就是勇士！我眼前的这堆故纸，分明就是当年此次事件的火种，直到今天仍能燃起人们内心正义的烈火。这一幅幅刘先生不顾个人安危所拍摄的人民深切怀念周总理的照片，从不同的角度还原着历史，这些镜头下的景物与人物的悲壮表情是不需要我用文字注释的。

如今重温这段历史，让我激情迸发，思绪万千：刘先生与当年的革命青年，就是以这种坚忍不拔的革命气魄，在当时恶劣的政治气氛下，始终坚持自己的信仰与追求。今天，恰逢 7 月 7 日伟大的抗日战争爆发 78 周年的纪念日。一个民主、进步、富足、阳光的中国是离不开刘先生这般勇士的，你们是我们中华民族精神的捍卫者！

近四十年了，周恩来总理的光辉形象与人格魅力愈加被全人类所敬仰，让我们一起深切缅怀我们敬爱的周恩来总理，让我们一起歌唱我们伟大的祖国！

十一、与“童怀周”再聚首

说到“四五”运动，不能不提“童怀周”。

“童怀周”是北京第二外国语学院汉语教研室 13 位教师的共同笔名，牵头人是时任教研室主任（后任学院院长）的李先辉先生，骨干是白晓朗和黄林妹老师。“童怀周”取“共同怀念周总理”之意，在“黑云压城城欲摧”的那段峥嵘岁月，他们顶着压力，伸张正义，不畏风险，为民请命，为收集、整理、编辑、出版、发行天安门诗文、画册，使之得以广泛传播、存史传世，功不可没。

我与“童怀周”的李、白、黄三位老师初识于 1978 年冬，我在“四五”运动中拍摄的照片、写下的诗文，正是通过他们之手才得以收入《人民的悼念》《天安门诗抄》《丙辰清明见闻录》等书籍之中。

2015 年 12 月，为纪念周总理逝世 40 周年，我与白晓朗、李先辉老师再聚首，回顾往事，感慨万千。白晓朗老师还不顾病体专程赶赴淮安参加我向周恩来纪念馆捐赠文物的仪式，令我感动不已。遗憾的是，握别淮安不足两月，白老师竟病逝西安，随周公驾鹤西去，令人扼腕痛惜。

在这里，我特录下白晓朗老师为李先辉老师 2013 年编著的《童怀周与天安门诗文》一书所作的序中的一段文字，以作纪念：“历史不应该忘记，不应该磨灭。‘人生自古谁无死’，我们都会化作烟尘。写这些，不是为了给自己‘汗青’留名，而是为给后人留下一段信史。”

与白晓朗等到李先辉家中拜访

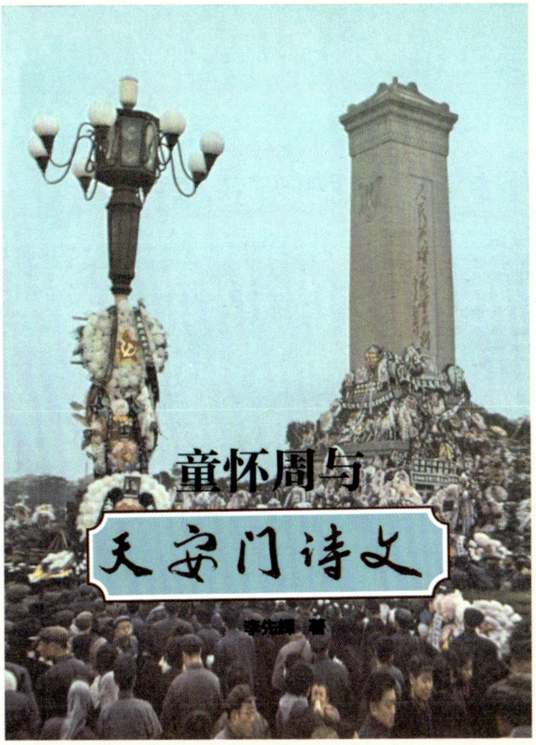

亲历"四五运动"
选编血泪诗文
汇集历史图片
发扬"四五"精神

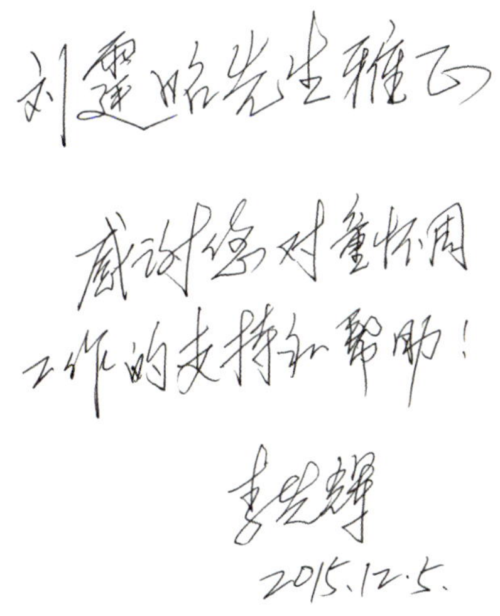
刘霆昭先生雅正

感谢您对童怀周
工作的支持和帮助！

李先辉
2015.12.5.

◇ 李先辉赠送的《童怀周与天安门诗文》及题字

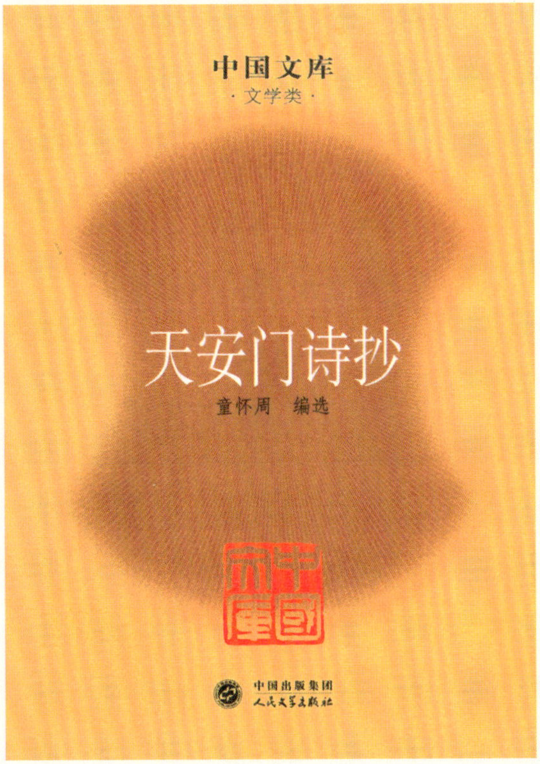

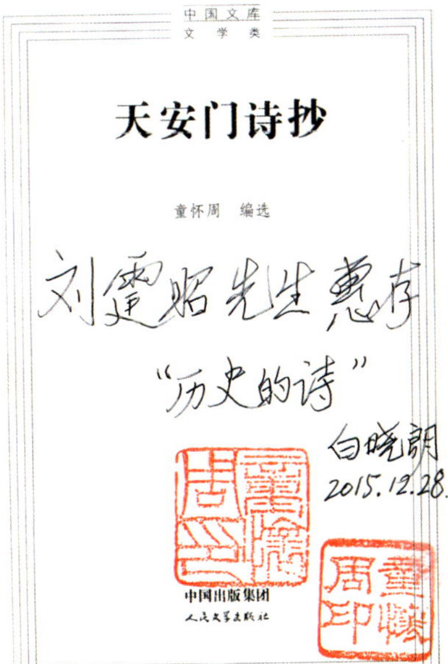
中国文库
文学类

天安门诗抄

童怀周 编选

刘霆昭先生惠存

"历史的诗"

白晓朗
2015.12.28.

中国出版集团
人民文学出版社

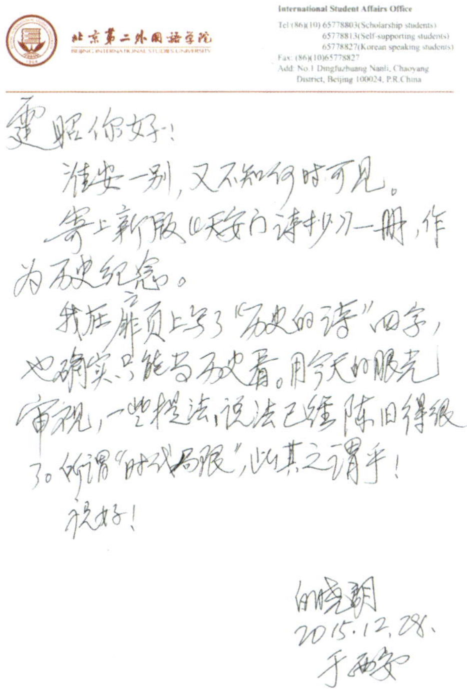
北京第二外国语学院
BEIJING INTERNATIONAL STUDIES UNIVERSITY

International Student Affairs Office
Tel:(86)(10) 65778803(Scholarship students)
65778813(Self-supporting students)
65778827(Korean speaking students)
Fax: (86)(10)65778827
Add: No.1 Dingfuzhuang Nanli, Chaoyang District, Beijing 100024, P.R.China

霆昭你好！

淮安一别，又不知何时可见。

寄上新版《天安门诗抄》一册，作为历史纪念。

我在扉页上写了"历史的诗"四字，也确实只能当历史看。用今天的眼光审视，一些提法说法已经陈旧得很了。所谓"时代局限"，此其之谓乎！

祝好！

白晓朗
2015.12.28.
于西安

◇ 白晓朗赠送的《天安门诗抄》及来信

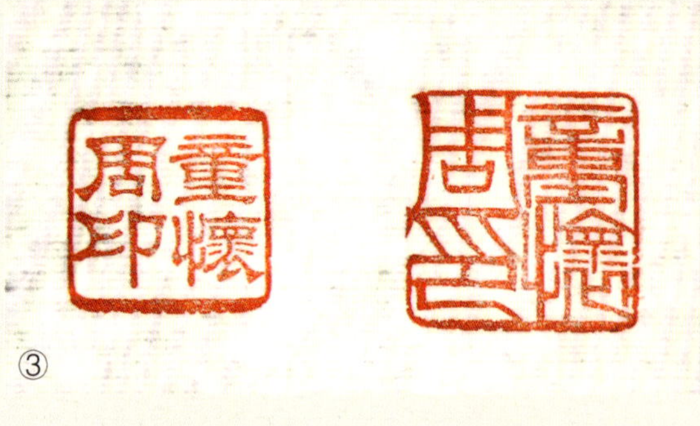

◇ ① 与白晓朗相隔 40 年的握手

◇ ②③ 童怀周的印章和印拓

十二、伟人风采照人间

敬爱的周总理，此时此刻，您在哪里？

在淮安老宅，在南开学堂？在神户林间，在马赛海港？在黄埔训令，在南昌鸣枪？在重庆山城，在长征路上？在延安窑洞，在抗日战场？在西柏坡指挥部，在天安门城楼上？……

在麦田，在油田？在钢厂，在农庄？在山沟，在草原？在灾区，在边疆？在傣楼，在苗寨？在工地，在营房？在剧场与演员谈剧本，在球场和国手打乒乓？在西花厅奋笔度过不眠夜，在大会堂扬手指挥大合唱？在东南亚诚交异域八方友，在日内瓦为国发声语铿锵？……

我们找到您了，我们看见您了！

敬爱的周总理啊，

您就屹立在天地之间，

您永远活在亿万人民的心中。

人民的总理爱人民

◇ 1946 年 1 月，当飞机遇险时，周恩来毅然将自己的降落伞让给了叶挺的女儿扬眉，后飞机脱险。这是 1942 年周恩来与小扬眉在重庆时的合影

◇ 1958 年 4 月，周恩来在郑州市郊视察

◇ 1958 年黄河发生历史上罕见的洪水，周恩来亲临灾区视察水情

◇ ① 1958 年 9 月，周恩来在开滦煤矿井下了解作业情况

◇ ② 1959 年 1 月，周恩来与在农村锻炼的大学生座谈

◇ ③ 1959 年 6 月，周恩来在石家庄钢铁厂视察并和工人亲切交谈

◇ ④ 1960 年 4 月，周恩来在贵州花溪人民公社查看小麦生长情况

◇ ① 1961 年 5 月，周恩来在河北农村访问农户

◇ ② 1962 年，周恩来在北京和小朋友在一起

◇ ③ 1961 年 7 月 1 日，周恩来与我国电影演员们在一起

◇ ① 1962 年 6 月 15 日，周恩来在辽宁铁岭农村视察

◇ ② 1962 年 6 月 15 日，周恩来在吉林延吉农村与朝鲜族老大娘亲切交谈

◇ ③ 1963 年 5 月，周恩来在舰艇上与潜水员通话

◇ ① 1963 年 12 月，周恩来在观看绍剧《闹天宫》演出后与演员小六龄童（六小龄童之兄）合影

◇ ② 1965 年 5 月，周恩来和李先念（右三）、罗瑞卿（右一）视察大寨时，在大寨村团支部书记郭凤莲（左前）家中做客

◇ ③ 1965 年 7 月，周恩来在新疆喀什棉纺织厂幼儿园看望小朋友

◇ ① 1966 年 5 月，周恩来第三次到大庆。这是他在观看职工家属生产的大南瓜（左为全国劳动模范王进喜）

◇ ② 周恩来在云南参加泼水节

◇ ③ 1973 年 6 月，周恩来在延安

◇ ① 周恩来品尝工人的饭菜

◇ ② 周恩来在十三陵水库工地参观劳动

◇ ③ 周恩来在新疆石河子农场看望上海支边青年

◇ ④ 周恩来和各族青年在一起

◇ 周恩来到邢台地震灾区视察

◇ ① 周恩来在北京中山公园和游园老人谈心

◇ ② 周恩来在延安枣园和毛泽东的老邻居在一起

◇ ③ 周恩来与邓颖超挚爱情深

◇ 周恩来和邓颖超结婚 25 周年纪念照

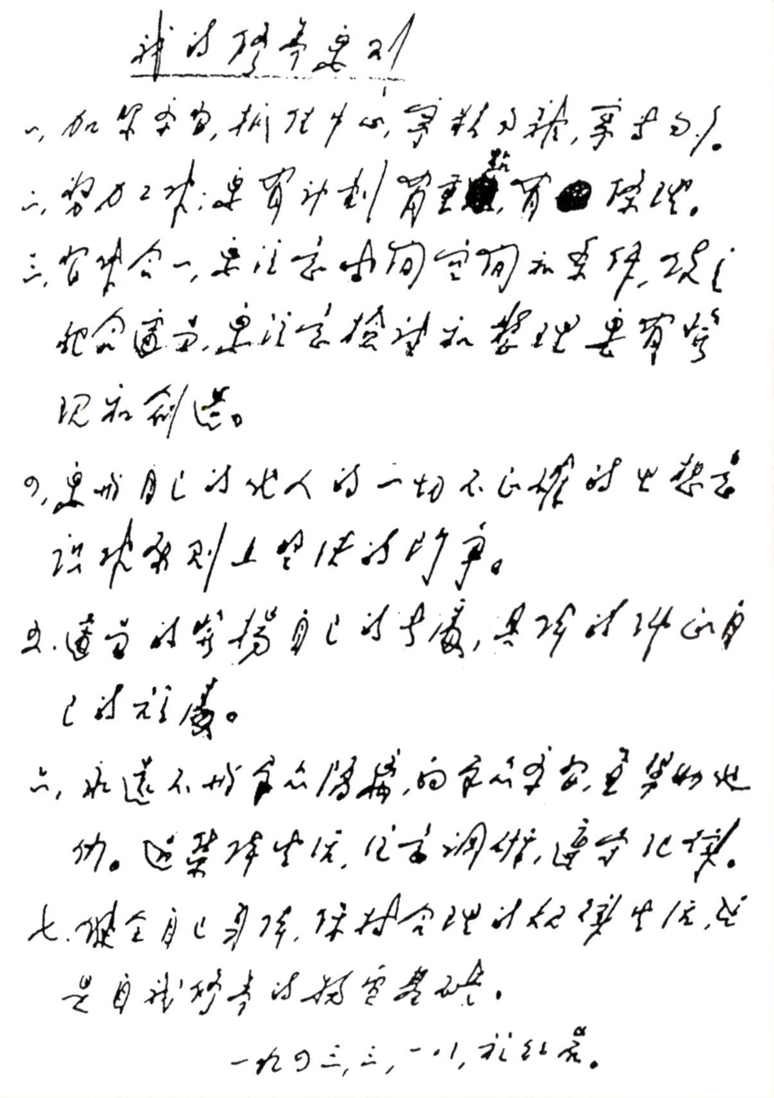

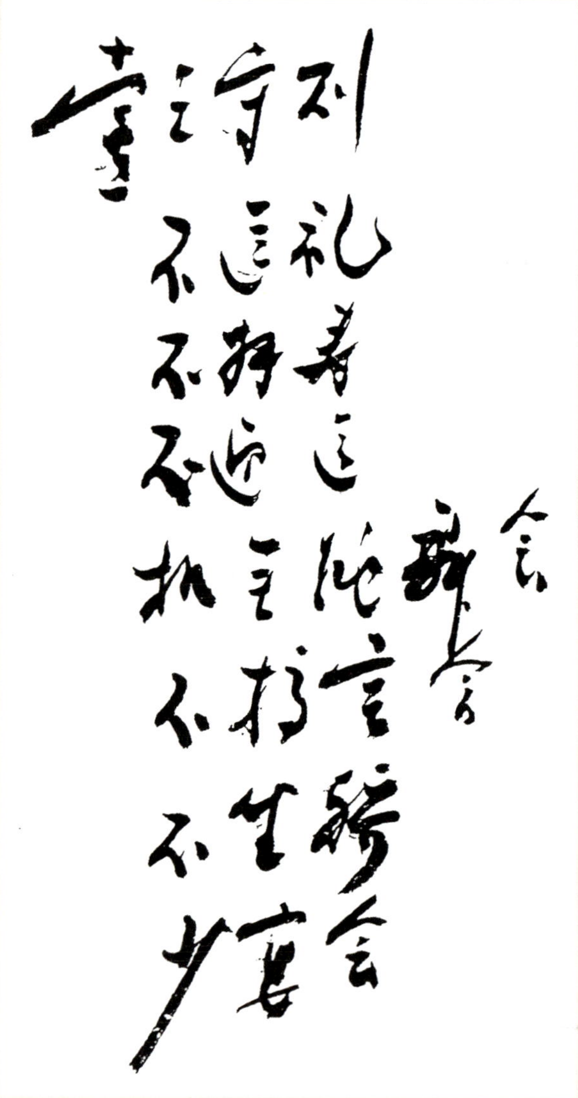

我的修养要则

一、加紧学习，抓住中心，宁精勿杂，宁专勿多。
二、努力工作，要有计划，有重点，有条理。
三、习作合一，要注意时间、空间和条件，使之配合适当。要注意检讨和整理，要有发现和创造。
四、要与自己的、他人的一切不正确的思想意识作原则上坚决的斗争。
五、适当的（地）发扬自己的长处，具体的（地）纠正自己的短处。
六、永远不与群众隔离，向群众学习，并帮助他们。过集体生活，注意调研，遵守纪律。
七、健全自己身体，保持合理的规律生活，这是自我修养的物质基础。

一九四三，三，一八，于红岩。

党员守则

不送礼
不拜寿
不迎送
机关跳舞会
不搞堂会
不坐轿
少宴会

◇ 周恩来手稿《我的修养要则》和《党员守则》

本单元的图片主要源自新华社